东北亚经济发展报告

（2019）

东北财经大学东北亚经济研究院　著

中国金融出版社

责任编辑：任　娟
责任校对：张志文
责任印制：张也男

图书在版编目（CIP）数据

东北亚经济发展报告 . 2019/东北财经大学东北亚经济研究院
著. —北京：中国金融出版社，2020. 8
ISBN 978 - 7 - 5220 - 0737 - 3

Ⅰ. ①东…　Ⅱ. ①东…　Ⅲ. ①东北亚经济圈—区域经济合作—研究
报告—2019　Ⅳ. ①F114. 46

中国版本图书馆 CIP 数据核字（2020）第 140707 号

东北亚经济发展报告（2019）
DONGBEI-YA JINGJI FAZHAN BAOGAO（2019）
出版
发行　**中国金融出版社**
社址　北京市丰台区益泽路 2 号
市场开发部　（010）66024766，63805472，63439533（传真）
网 上 书 店　http://www.chinafph.com
　　　　　　（010）66024766，63372837（传真）
读者服务部　（010）66070833，62568380
邮编　100071
邮编　100071
经销　新华书店
印刷　保利达印务有限公司
尺寸　169 毫米×239 毫米
印张　16.5
字数　190 千
版次　2020 年 8 月第 1 版
印次　2020 年 8 月第 1 次印刷
定价　60.00 元
ISBN 978 - 7 - 5220 - 0737 - 3
如出现印装错误本社负责调换　联系电话（010）63263947

前　言

东北亚地区资源丰富、基础雄厚，具备明显的经济发展优势；与此同时，东北亚各国发展模式和水平不尽相同，合作空间巨大。为了反映东北亚经济发展状况，分析预测东北亚经济发展趋势，提出相应的意见和主张，我们从 2018 年开始组织撰写《东北亚经济发展报告》，本报告是系列报告第 2 册——《东北亚经济发展报告（2019）》（以下简称报告）。

一、报告以东北亚地区为主要研究对象，将东北亚地区界定为日本、韩国、蒙古国、朝鲜、俄罗斯西伯利亚和远东地区（以下简称俄西远或俄西远地区）以及中国的东北三省（为了下文叙述方便，俄西远地区和中国的东北三省视同两个单独的经济体）。报告比较详尽地收录了 2018 年度东北亚地区经济、社会各方面的统计数据，反映了东北亚地区经济和社会发展的基本情况，分析了东北亚区域经济合作的可能性并提出了相关建议。

二、报告分为主报告、分报告和附录三个部分。主报告分为四章，内容涵盖东北亚的经济地位、东北亚经济发展形势、东北亚经济发展评价、东北亚经济发展展望。分报告包含日本、俄西远、韩国、蒙古国以及朝鲜的经济发展报告。附录为人口与东北经济发展、设立土地改革试验区、中日经贸合作新突破的专题研究报告。

三、报告所使用的数据说明：（1）大部分数据经过国际组织的调整，口径基本可比；（2）部分最新数据是初步数或估计数；（3）数据主要取自有关国际组织的数据库，年报、月报和图表均附有数据来源，参考资料中同步注明；（4）一些数据的合计数或相对数因受进位的影响，不一定等于分项累计数；（5）"空格"表示无该项数据或该项统计数据不详；（6）度量衡单位均采用国际统一标准计量单位。

四、报告由东北财经大学东北亚经济研究院王洪章、杜金富、周天勇、杨成义及房爱卿、施锦芳等集体讨论，由课题组集体完成。课题负责人为杜金富，主报告负责人为陈蕾，分报告撰写者为陈蕾（朝鲜）、徐晓飞（蒙古国）、刘雯（韩国）、陈海林（俄西远）、王静和康鸿（日本）。附录撰写者为刘正山（附录一和附录二）、施锦芳（附录三）。

目　录

主报告　2019 年东北亚经济发展报告／1

1　东北亚的经济地位／2

1.1　地区生产总值／2

1.2　人口、就业和收入／2

1.3　土地／3

1.4　进出口贸易总额／3

1.5　国际投资／3

1.6　我国与东北亚五国国际贸易／4

1.7　东北三省经济在中国经济中的地位／6

2　东北亚经济发展形势／8

2.1　地区生产总值／8

2.2　物价／9

2.3　就业与收入／10

2.4　国际贸易／11

2.5　国际投资／12

2.6　中国与东北亚五国国际贸易／13

2.7 东北三省经济发展形势 / 14

3 东北亚经济发展评价 / 16

3.1 对东北亚经济形势的评价 / 16

3.2 东北亚经济合作政策的评价 / 29

3.3 东北三省经济发展的评价 / 33

4 东北亚经济发展的展望 / 38

4.1 东北亚总体经济发展趋势的展望 / 38

4.2 东北亚经济合作展望 / 42

4.3 东北三省经济发展展望 / 49

分报告一 2019 年日本经济发展报告 / 51

1 日本的经济地位 / 52

1.1 GDP / 52

1.2 人口、就业和收入 / 52

1.3 土地 / 53

1.4 进出口贸易总额 / 53

1.5 国际投资 / 54

1.6 日本与东北亚其他经济体国际贸易 / 54

1.7 日本与东北亚四国国际投资 / 56

2 日本经济发展形势 / 58

2.1 GDP / 58

2.2 物价 / 58

2.3 就业与收入 / 59

2.4 国际贸易 / 59

2.5　国际投资 / 60

2.6　日本与东北亚五国国际贸易 / 62

2.7　日本与东北亚四国国际投资 / 64

3　日本经济发展评价 / 67

3.1　对日本经济形势的评价 / 67

3.2　日本经济政策评价 / 75

3.3　日本与东北亚各国经济合作的评价 / 80

4　日本经济发展展望 / 85

4.1　日本总体经济发展趋势展望 / 85

4.2　产业革命与转型升级 / 99

4.3　政策借鉴与合作展望 / 103

分报告二　2019 年俄西远经济发展报告 / 107

1　俄西远的经济地位 / 108

1.1　地区生产总值 / 108

1.2　人口、就业和收入 / 108

1.3　土地 / 109

1.4　进出口贸易总额 / 109

1.5　国际投资 / 110

1.6　俄西远与东北亚四国国际贸易 / 110

2　俄西远经济发展形势 / 112

2.1　地区生产总值 / 112

2.2　CPI / 112

2.3　就业与收入 / 113

2.4 国际贸易 / 113

2.5 国际投资 / 114

2.6 俄西远与东北亚四国国际贸易 / 114

2.7 俄西远与东北亚四国国际投资 / 117

3 俄西远经济发展评价 / 120

3.1 对俄西远经济形势的评价 / 120

3.2 俄西远经济政策评价 / 123

3.3 我国与俄西远经济合作的建议 / 125

4 俄西远经济发展展望 / 135

4.1 俄西远总体经济发展趋势展望 / 135

4.2 我国与俄西远经济合作的展望 / 136

分报告三 2019 年韩国经济发展报告 / 139

1 韩国的经济地位 / 140

1.1 GDP / 140

1.2 人口、就业和收入 / 140

1.3 土地 / 140

1.4 进出口贸易总额 / 140

1.5 国际投资 / 141

1.6 韩国与东北亚四国国际贸易 / 141

2 韩国经济发展形势 / 144

2.1 GDP / 144

2.2 物价 / 144

2.3 就业与收入 / 145

2.4　国际贸易 / 145

2.5　国际投资 / 145

2.6　韩国与东北亚四国国际贸易 / 146

3　韩国经济发展评价 / 149

3.1　对韩国经济形势的评价 / 149

3.2　韩国经济政策评价 / 156

3.3　韩国与东北亚各国经济合作的评价 / 165

4　韩国经济发展展望 / 169

4.1　GDP / 169

4.2　物价 / 171

4.3　就业和收入 / 172

4.4　对外贸易和投资 / 173

4.5　韩国与中国的合作 / 174

分报告四　2019 年蒙古国经济发展报告 / 177

1　蒙古国的经济地位 / 178

1.1　GDP / 178

1.2　人口、就业和收入 / 178

1.3　土地 / 178

1.4　进出口贸易总额 / 179

1.5　国际投资 / 179

1.6　国际储备 / 179

2　蒙古国经济发展形势 / 182

2.1　GDP / 182

2.2 物价 / 182

2.3 就业与收入 / 182

2.4 国际贸易与投资 / 183

2.5 蒙古国对其他经济体的贸易与投资 / 183

3 蒙古国经济发展评价 / 185

3.1 对蒙古国经济形势的评价 / 185

3.2 对蒙古国经济政策的评价 / 188

3.3 我国与蒙古国经济合作的建议 / 190

分报告五 **2019 年朝鲜经济发展报告** / 193

1 朝鲜的经济地位 / 194

1.1 GDP / 194

1.2 人口、就业和收入 / 194

1.3 土地 / 194

1.4 进出口贸易总额 / 195

1.5 国际投资 / 195

1.6 朝鲜与东北亚五国国际贸易 / 195

2 朝鲜经济发展形势 / 197

2.1 GDP / 197

2.2 就业与收入 / 198

2.3 国际贸易 / 198

2.4 国际投资 / 199

2.5 朝鲜与东北亚五国国际贸易 / 199

2.6 朝鲜与东北亚五国国际投资 / 199

3 朝鲜经济发展评价 / 201

　3.1 对朝鲜经济形势的评价 / 201

　3.2 朝鲜经济政策的评价 / 201

　3.3 朝鲜与东北亚各国经济合作的评价 / 204

4 朝鲜经济发展展望 / 208

　4.1 朝鲜总体经济发展趋势展望 / 208

　4.2 朝鲜与东北亚经济合作的展望 / 210

附录一　人口与东北经济发展：历史演化与政策建议 / 213

**附录二　关于设立土地改革试验区、振兴东北经济的
　　　　思考** / 229

附录三　中日经贸合作新突破：推进大连自由港建设 / 241

主 报 告

2019 年东北亚经济发展报告

1 东北亚的经济地位

2018 年，东北亚地区生产总值仅占亚洲的 30%，占世界的 10%；贸易总额占亚洲的 20%。经济总体表现稳定，地区生产总值和国际贸易总额都实现了一定程度的增长，物价水平总体比较稳定，失业率较上年有所下降。

1.1 地区生产总值

东北亚地区生产总值为 8.96 万亿美元（其中：日本 69.1%，俄西远 2.9%，韩国 18.1%，蒙古国 0.9%，朝鲜 0.2%，东北三省 9.6%），占亚洲的 28.3%，比上年下降 0.79 个百分点；占世界的 10.5%，比上年下降 0.14 个百分点。

1.2 人口、就业和收入

东北亚人口为 3.40 亿人（其中：日本 37.1%，俄西远 7.5%，韩国 15.0%，蒙古国 0.9%，朝鲜 7.5%，东北三省 32.0%），占亚洲的 7.6%，占世界的 4.0%。

东北亚失业率为 3.49%（其中：日本 2.40%，俄西远 6.35%，韩国 3.73%，蒙古国 6.65%，朝鲜 3.60%，东北三省 3.85%），比亚洲平均水平低 0.11 个百分点，比世界平均水平低 2.70 个百分点。

东北亚年人均收入为 24033.36 美元（其中：日本 41340 美元，俄西远 10230 美元，韩国 31657 美元，蒙古国 4009 美元，朝鲜 686 美元，东北三省 9460 美元），比亚洲平均水平高 118.95 个百分点，比世界平均水平高 116.05 个百分点。

1.3 土地

东北亚土地共 1425.64 万平方公里（其中：日本 2.6%，俄西远 79.4%，韩国 0.8%，蒙古国 11%，朝鲜 0.9%，东北三省 5.5%），占亚洲的 31.98%，占世界的 10.56%。

1.4 进出口贸易总额

东北亚进出口贸易总额为 34745.3 亿美元（其中：日本 53.4%，俄西远 2.4%，韩国 39.1%，蒙古国 0.37%，朝鲜 0.08%，东北三省 4.65%），占亚洲的 18.49%，比上年下降 0.28 个百分点；占世界的 6.88%，比上年下降 0.19 个百分点。

出口贸易总额为 17835 亿美元（其中：日本 52.11%，俄西远 3.74%，韩国 40.48%，蒙古国 0.39%，朝鲜 0.02%，东北三省 3.26%），占亚洲的 18.49%，比上年下降 0.48 个百分点；占世界的 6.92%，比上年下降 0.35 个百分点。

进口贸易总额为 16910.3 亿美元（其中：日本 54.72%，俄西远 0.94%，韩国 37.72%，蒙古国 0.35%，朝鲜 0.15%，东北三省 6.12%），占亚洲的 18.48%，比上年下降 0.07 个百分点；占世界的 6.82%，比上年下降 0.06 个百分点。

1.5 国际投资

东北亚国际投资总额为 2740.11 亿美元（其中：日本

55.8%，俄西远16%，韩国21.3%，蒙古国0.8%，东北三省6.1%)①，占亚洲的24.81%，比上年下降4.62个百分点；占世界的11.86%，比上年上升1.18个百分点。

1.6 我国与东北亚五国国际贸易

我国对日本的贸易总额为2903.52亿美元，占中国对亚洲贸易总额的12.56%，比上年降低0.4个百分点；占中国对世界贸易总额的6.64%，比上年降低0.25个百分点。对日本的出口总额为1462.99亿美元，占中国对亚洲出口总额的12.26%，比上年降低0.25个百分点；占中国对世界出口总额的5.88%，比上年降低0.18个百分点。出口第一大类产品为机器、机械器具、电气设备及其零件、录音机及放声机、电视图像、声音的录制和重放设备及其零件，占46.04%；第二大类产品为纺织原料及纺织制品，占12.63%。对日本的进口总额为1440.53亿美元，占中国对亚洲进口总额的12.87%，比上年降低0.58个百分点；占中国对世界进口总额的7.64%，比上年降低0.39个百分点。进口第一大类产品为机器、机械器具、电气设备及其零件、录音机及放声机、电视图像、声音的录制和重放设备及其零件，占45.13%；第二大类产品为矿产品，占12.04%。顺差为22.46亿美元。

我国对韩国的贸易总额为2707.1亿美元，占中国对亚洲贸易总额的11.7%，比上年降低0.04个百分点；占中国对世界贸易总额的6.19%，比上年降低0.06个百分点。对韩国的出口总额为1085.85亿美元，占中国对亚洲出口总额的9.1%，比上年降

---

① 朝鲜2018年度只有吸引国际投资的数据，占东北亚国际投资的0.002%。

低 0.26 个百分点；占中国对世界出口总额的 4.37%，比上年降低 0.17 个百分点。出口第一大类产品为存储半导体，占 9.59%；第二大类产品为蜂窝网络或其他无线网络，占 3.07%。对韩国的进口总额为 1621.25 亿美元，占中国对亚洲进口总额的 14.49%，比上年提高 0.09 个百分点；占中国对世界进口总额的 8.6%，比上年提高 0.01 个百分点。进口第一大类产品为存储半导体，占 24.67%；第二大类产品为其他设备、器具和仪器，占 4.32%。逆差为 535.4 亿美元。

我国对俄罗斯的贸易总额为 1036.81 亿美元，占中国对亚洲贸易总额的 4.48%，比上年提高 0.63 个百分点；占中国对世界贸易总额的 2.37%，比上年提高 0.32 个百分点。对俄罗斯的出口总额为 476.61 亿美元，占中国对亚洲出口总额的 3.99%，比上年提高 0.09 个百分点；占中国对世界出口总额的 1.92%，比上年提高 0.02 个百分点。出口第一大类产品为机器、设备和交通工具，占 57.12%；第二大类产品为纺织品和鞋类，占 11.17%。对俄罗斯的进口总额为 560.2 亿美元，占中国对亚洲进口总额的 5%，比上年提高 1.2 个百分点；占中国对世界进口总额的 2.97%，比上年提高 0.7 个百分点。进口第一大类产品为矿物原料，占 76.19%；第二大类产品为木材和纸浆制品，占 8.62%。逆差为 83.59 亿美元。

我国对蒙古国的贸易总额为 78.76 亿美元，占中国对亚洲贸易总额的 0.34%，比上年提高 0.03 个百分点；占中国对世界贸易总额的 0.18%，比上年提高 0.01 个百分点。对蒙古国的出口总额为 16.37 亿美元，占中国对亚洲出口总额的 0.14%，比上年提高 0.02 个百分点；占中国对世界出口总额的 0.07%，比上年提高 0.01 个百分点。对蒙古国的进口总额为 62.39 亿美元，占中国对亚洲进口总额的 0.56%，比上年提高 0.02 个百分点；占中国对世界进口总额的 0.33%，比上年提高 0.01 个百分点。逆差为 46.02 亿美元。

我国对朝鲜的贸易总额为 24.95 亿美元，占中国对亚洲贸易总额的 0.1%，比上年降低 0.13 个百分点；占中国对世界贸易总额的 0.06%，比上年降低 0.07 个百分点。对朝鲜的出口总额为 22.2 亿美元，占中国对亚洲出口总额的 0.19%，比上年降低 0.11 个百分点；占中国对世界出口总额的 0.09%，比上年降低 0.05 个百分点。对朝鲜的进口总额为 2.75 亿美元，占中国对亚洲进口总额的 0.02%，比上年降低 0.15 个百分点；占中国对世界进口总额的 0.01%，比上年降低 0.09 个百分点。从进出口品类来看，朝鲜矿物性燃料、服装、水产品的出口减少了近 100%，食用果实、坚果类出口同比大幅减少了 94.5%，钟表出口和假发类出口则分别增长 1533.7% 和 159.3%。朝鲜进口规模最大的产品为矿物油，占进口总额的 13.7%；电子产品、锅炉及机械类进口规模分别降低 97.6% 和 96.9%。在进口规模整体缩小的情况下，动植物油脂进口和从中国进口的化肥同比分别增长 27.9% 和 132%。顺差为 19.45 亿美元。[①]

1.7　东北三省经济在中国经济中的地位

东北三省地区生产总值为 56751.59 亿元（其中：辽宁 44.61%，吉林 26.56%，黑龙江 28.83%），占全国的 6.20%。辽宁排在第 14 位，吉林排在第 24 位，黑龙江排在第 23 位。

东北三省人口为 1.08 亿人（其中：辽宁 40.23%，吉林

---

① 为保证数据的统一，主报告本节资料来源于联合国贸易和发展会议（UNCTAD），与个别分报告资料来源及数据有差别。

24.95%，黑龙江 34.82%），占全国的 7.76%。辽宁排在第 15位，吉林排在第 22 位，黑龙江排在第 18 位。

东北三省失业率为 3.84%（其中：辽宁 3.9%，吉林 3.5%，黑龙江 4%），比全国平均水平高 0.04 个百分点。辽宁排在第 29位，吉林排在第 23 位，黑龙江排在第 31 位。

东北三省年人均收入为 25550.02 元（其中：辽宁 29701.45元，吉林 22798.37 元，黑龙江 22725.85 元），比全国平均水平低2677.98 元。辽宁排在第 8 位，吉林排在第 18 位，黑龙江排在第19 位。

东北三省土地面积为 78.78 万平方公里（其中：辽宁18.52%，吉林 23.75%，黑龙江 57.73%），占全国的 8.2%。辽宁排在第 21 位，吉林排在第 13 位，黑龙江排在第 6 位。

东北三省投资增长 2.22%（其中：辽宁 3.7%，吉林 1.6%，黑龙江 -4.7%），比上年提高 0.2 个百分点。辽宁排在第 22 位，吉林排在第 23 位，黑龙江排在第 25 位。

东北三省消费支出为 18817.22 元（其中：辽宁 21398.3 元，吉林 17200.4 元，黑龙江 16994 元），比全国低 1035.88 元。辽宁排在第 8 位，吉林排在第 16 位，黑龙江排在第 17 位。

东北三省进出口贸易总额为 1617.18 亿美元（其中：辽宁70.86%，吉林 12.79%，黑龙江 16.35%），占全国的 5.3%。辽宁排在第 9 位，吉林排在第 23 位，黑龙江排在第 21 位。

2 东北亚经济发展形势

2018 年，东北亚地区生产总值增长率高于上年，经济面基本向好。东北亚地区人均收入水平有所增长，且远高于亚洲平均水平和世界平均水平，但各主要经济体之间人均收入水平差距较大。物价水平总体比较稳定，失业率较上年有所下降。进出口贸易总额有所增长，但增长速度放缓，且增长率略低于世界平均水平。除朝鲜外，中国与日本、韩国、俄罗斯和蒙古国的贸易总额都有所增长，反映出东北亚经济体之间日益加强的经济与贸易合作。

2.1 地区生产总值

东北亚地区生产总值增长 4.08%（其中：日本 0.79%，俄西远 14.28%，韩国 2.7%，蒙古国 6.9%，朝鲜 -1.46%，东北三省 4.6%），比上年提高 2.06 个百分点。

从投资方面来看，东北三省、日本和蒙古国投资较上年呈现增长，其中东北三省的投资增长率提高幅度较小；俄西远和韩国的投资增长率出现了下降。从消费来看，除蒙古国数据缺失外，其他国家的消费都出现了增长，其中俄西远的消费增长率较上年大幅增长。从净出口来看，东北三省、俄西远和韩国的净出口增长率不同程度地提高，而日本、蒙古国和朝鲜的增长率则出现了下降。总体而言，东北亚地区生产总值增长的主要动力来自消费和投资，而各国的消费增长率较上年均有所提高，投资增长率在大部分区域也呈增长态势，由此带动了地区经济增长。

2.2 物价

东北亚消费物价指数（CPI）为 105.70%（其中：日本 104.84%，俄西远 103.75%，韩国 113.05%，蒙古国 172.21%，东北三省 101.4%），比上年提高 1.12 个百分点。工业生产者出厂价格指数（PPI）为 102.34%（其中：日本 101.4%，俄西远 117.19%，韩国 102.54%，蒙古国 99.16%，东北三省 106.8%），比上年提高 4.65 个百分点。M_2 增长 8.81%（其中：日本 9.73%，俄西远 8.52%，韩国 5.1%，蒙古国 10.05%，东北三省 8.2%），比上年降低 9.86 个百分点。

总体来看，由于价格和汇率的原因，东北亚地区的 CPI 实现了 1.12% 的温和增长，PPI 仍保持一定幅度的增长。东北亚地区 CPI 和 PPI 的发展趋势与世界发展趋势基本一致。PPI 的增势也意味着未来东北亚地区的制造业活动将加强。

从各国的情况来看，2018 年日本价格水平有所回升，但距离日本中央银行设定的 CPI 年度增长 2% 的"价格稳定性目标"仍有一定距离；俄罗斯月消费物价指数 CPI 呈现逐渐升高的趋势，但全年通货膨胀水平基本保持稳定，输入型通货膨胀仍然是 2018 年俄罗斯通货膨胀的主要成因，尤其是 PPI 的上涨；韩国通货膨胀在 2018 年超过了中央银行设定的目标（2%），物价出现了缓和上涨，按项目来看，主要是石油价格和农产品价格上涨引起的；随着国际原油价格上扬和图格里克贬值，2018 年蒙古国通货膨胀率达到了 8.1%。蒙古国中央银行认为，除了美联储政策因素，市场需求的增加是影响美元增长的主要因素。

2.3　就业与收入

2.3.1　就业

东北亚人口为 3.41 亿人（其中：日本 37.3%，俄西远 7.5%，韩国 14.9%，蒙古国 0.9%，朝鲜 7.5%，东北三省 31.9%），占亚洲的 7.58%，占世界的 4.52%。

东北亚地区人口分布不均衡。人口最多的是日本，最少的是蒙古国和俄西远。东北亚各经济体的面积不尽相同，面积最大的是俄西远，其次是蒙古国、东北三省、日本、朝鲜和韩国。人口数量悬殊，领土面积迥然不同，这是各经济体人口密度差异的实质原因。

东北亚失业率为 3.49%（其中：日本 2.40%，俄西远 6.35%，韩国 3.73%，蒙古国 6.65%，朝鲜 3.60%，东北三省 3.85%），比上年降低 0.43 个百分点。

总体来看，由于经济向好，各个经济体的失业率均较上年有所下降，使东北亚地区整体失业率低于上年水平。从各经济体的情况来看，失业率两极分化严重，日本失业率在各经济体中最低，主要原因是日本近年来老龄化现象严重，不少企业面临劳动力短缺难题，而日本长期严格限制外籍劳动者进入日本，工作机会多但劳动力不足是日本失业率低的主要原因。由于经济发展向好，俄西远和蒙古国的失业率已经逐渐低于上年，但失业率仍维持较高水平；韩国、朝鲜和东北三省失业率适中，失业率较上年有所下降。

2.3.2　收入

东北亚年人均收入为 24033.36 美元（其中：日本 41340 美

元，俄西远 10230 美元，韩国 31657 美元，蒙古国 4009 美元，朝鲜 686 美元，东北三省 9460 美元），比亚洲平均水平高 118.95 个百分点，比世界平均水平高 116.05 个百分点。

东北亚年人均收入增长 6.63%（其中：日本 4.50%，俄西远 10.83%，韩国 11.55%，蒙古国 29.45%，朝鲜 0.44%，东北三省 9.36%）。

在日本和韩国的带动下，东北亚地区的人均收入水平远高于亚洲平均水平（13056.56 美元）和世界平均水平（12909.59 美元）。各主要经济体之间的人均收入水平差距较大。按照世界银行的划分，日本和韩国属于高收入国家，蒙古国属于中低收入国家，朝鲜属于低收入国家，俄罗斯和中国属于中高收入国家，但是俄西远和东北三省地区受其地区经济发展的影响，人均收入并未达到中高收入国家（地区）的平均水平。

2.4 国际贸易

东北亚进出口贸易总额增长 9.44%（其中：日本 8.25%，俄西远 20.14%、韩国 8.23%，蒙古国 25.1%，朝鲜 -49.7%，东北三省 17.96%），比上年降低 1.3 个百分点。出口贸易总额增长 7.58%（其中：日本 6.15%，俄西远 21.42%，韩国 8.12%，蒙古国 12.9%，朝鲜 -83.8%，东北三省 -2.95%）。进口贸易总额增长 10.94%（其中：日本 10.44%，俄西远 14.95%，韩国 8.35%，蒙古国 37.2%，朝鲜 -31.9%，东北三省 16.2%）。

总体来看，东北亚进出口贸易总额增长率略低于世界平均水平（9.99%）。其中，出口贸易增长率低于世界平均水平（9.76%），进口增长率高于世界平均水平（10.22%）。

日本方面，2018 年年中开始，围绕世界贸易的环境越来越不明朗，再加上主要出口地中国的经济减速、自然灾害所带来的对物流和生产活动的打击等，日本的进出口贸易增速明显下降。韩国方面，由于需求稳定和国际油价上涨，石油和化工产品的出口急剧增加。在资讯科技产品方面，半导体及电脑的出口大幅上升，主要资讯科技公司对数据中心的投资也不断增加。但是，由于智能手机市场已达到成熟阶段以及中国公司的供应量扩大，无线通信设备和显示面板的出口有所下降。2018 年俄西远对外贸易继续保持高速增长势头，在欧美对俄经济制裁背景下，俄西远与美国以及欧盟国家的贸易额仍有较大幅度的增长，与欧亚经济联盟成员国之间的贸易额继续提高。俄西远对外贸易的增长，既得益于国际油价的上涨，也在很大程度上得益于政府的贸易政策。朝鲜方面，联合国安理会相继通过第 2371 号和第 2375 号对朝鲜的制裁决议，分别禁止联合国成员国从朝鲜进口煤炭、铁矿石、水产品和纺织品、服装类产品等朝鲜主要出口创汇产品。此外，联合国安理会还全面禁止成员国对朝鲜出口工业机械类和运输设备等。[①] 这成为朝鲜对外贸易额大幅较少的主要原因。

2.5 国际投资

国际投资总额降低 1.81%（其中：日本 4.53%，俄西远 −6.44%，韩国 −22.97%，蒙古国 −48.5%，朝鲜 392%，东北三省 −13.1%），比上年降低 9.84 个百分点。

2018 年日本与欧美的直接投资往来下降，而与亚洲特别是东盟的直接投资往来迅速增加。2018 年日本对外直接投资额比 2017 年减少 8.5%。对海外企业的并购和对海外的绿色领域投资等的

---

① 引自大韩贸易投资振兴公社（KOTRA），发布的《2018 年朝鲜对外贸易动向》。

"股票资本"减少了 29.2%，是对外直接投资下跌的主要原因。在目前俄西远开发阶段，俄罗斯政府试图吸引大量国内外投资，投向仍然是原料产业和为原料出口服务的基础设施建设。例如，萨哈林州着重在萨哈林 1 号和 2 号工程的基础上继续扩大油气资源的开采量，同时利用俄罗斯新开发的北方航道扩大油气出口规模。虽然俄西远在吸引外资方面表现良好，但是在这一地区仍然存在着阻碍国外投资的因素。总体来看，俄西远是国外投资风险较高的地区。因为该地区法律制度不健全、不规范，而当地又缺乏吸引外资的经验，外国投资者必然会对投资的安全持怀疑态度。

2.6　中国与东北亚五国国际贸易

我国对日本的贸易总额增长 7.52%，比上年提高 9.3 个百分点；对日本的出口总额增长 6.59%，比上年提高 0.41 个百分点；对日本的进口总额增长 8.49%，比上年提高 17.33 个百分点。

我国对韩国的贸易总额增长 10.57%，比上年提高 13.68 个百分点；对韩国的出口总额增长 5.73%，比上年降低 3.87 个百分点；对韩国的进口总额增长 14.08%，比上年提高 24.68 个百分点。

我国对俄罗斯的贸易总额增长 29.03%，比上年提高 13.58 个百分点；对俄罗斯的出口总额增长 11.28%，比上年降低 3.42 个百分点；对俄罗斯的进口总额增长 49.29%，比上年提高 32.97 个百分点。

我国对蒙古国的贸易总额增长 21.07%，比上年降低 20 个百分点；对蒙古国的出口总额增长 32.42%，比上年提高 7.37 个百分点；对蒙古国的进口总额增长 18.41%，比上年降低 27.04 个百分点。

我国对朝鲜的贸易总额减少49.43%，比上年降低41.15个百分点；对朝鲜的出口总额减少31.60%，比上年降低45.81个百分点；对朝鲜的进口总额减少83.71%，比上年降低50.24个百分点。

总体来看，2018年，除朝鲜外，中国与日本、韩国、俄罗斯和蒙古国的贸易总额都有所增长，这得益于东北亚经济体之间日益加强的经济与贸易合作。其中，中国与日本、韩国和俄罗斯三国的贸易增长率逐年上升，而与蒙古国贸易总额的增长率低于2017年。由于联合国对朝鲜的制裁，中国向朝鲜的出口以及中国从朝鲜的进口都受到了影响，出现了大幅下降。

2.7 东北三省经济发展形势

东北三省地区生产总值增长4.6%（其中：辽宁8.1%，吉林0.9%，黑龙江2.9%），比上年提高1.2个百分点。投资总额增长2.22%（其中：辽宁3.7%，吉林1.6%，黑龙江 – 4.7%），比上年提高0.2个百分点。消费总额增长7.57%（其中：辽宁4.57%，吉林10.04%，黑龙江9.10%），比上年提高2.61个百分点，对地区生产总值的贡献度为35.93%。进出口贸易总额增长17.97%（其中：辽宁15.07%，吉林11.52%，黑龙江39.50%），比上年提高5.18个百分点，对地区生产总值的贡献度为2.85%。

CPI为102.2%（其中：辽宁102.5%，吉林102.1%，黑龙江102%），比上年提高0.8个百分点。PPI为105.5%（其中：辽宁104.8%，吉林102.8%，黑龙江109%），比上年降低1.3个百分点。

东北三省失业率为 3.84%（其中：辽宁 3.9%，吉林 3.5%，黑龙江 4%），比全国平均水平高 0.04 个百分点。年人均收入增长 6.84%（其中：辽宁 6.7%，吉林 6.7%，黑龙江 7.2%），比上年下降 0.06 个百分点。

3 东北亚经济发展评价

2018 年，东北亚地区生产总值整体较上年有了较为明显的增长。失业率总体上低于世界平均水平，且呈下降趋势，所有经济体的失业率均比上年有所下降，地区整体失业率下降幅度超过亚洲和世界平均水平，体现出了较为稳定的就业形势。东北亚地区进出口贸易总额呈现出一定程度的增长，但由于各个经济体在对外贸易中的差异化表现，贸易总额增速有所放缓。同时，我们注意到，随着东北亚区域经济合作的进一步加强，东北三省应借助其地缘区域优势，提高东北地区在东北亚区域的竞争力，实现其与周边经济体在经济发展上的深度合作，实现互利共赢。

3.1 对东北亚经济形势的评价

3.1.1 地区生产总值

东北亚地区生产总值较上年有了显著增长，主要得益于日本、韩国和东北三省等经济体的稳定增长。从各经济体的情况来看，日本和韩国由于经济体量大，经济增速相对较低；蒙古国和俄西远由于经济体量小，经济增速相对较高，其中俄西远经济实现了最大幅度的增长；中国东北三省经济增速保持中等，而朝鲜由于受 2017 年 8 月开始的经济制裁影响，全年经济持续低迷。欧盟 2018 年 GDP 增长率为 8.07%，东盟为 6.8%，可见东北亚作为一个区域经济组织，无论是与以发达经济体为主的欧盟还是以发展中国家为主的东盟相比，经济增速都较低。这说明东北亚整体经济增速还有待提高，日本和韩国作为东北亚的重要国家，需要尽快走出低迷，其他地区要充分释放经济增长潜力，加大开发和投资力度。

2018 年东北亚国家国内需求得到维持，主要是依靠消费，而投资、贸易和制造业发展缓慢，拖累了地区经济。在中国东北三省，地区生产总值同比增速增加至 4.6%，说明贸易紧张局势的加剧和金融监管政策的收紧对东北三省未产生较大冲击。尽管外部需求降温，但民间消费和公共支出支撑着经济扩张，日本经济仍实现了 0.79% 的增长。在韩国，受私人投资下降的推动，韩国 GDP 同比增长 2.7%。

3.1.2 物价

3.1.2.1 CPI

CPI 反映价格总水平的变动。东北亚与其他地区 CPI 指标见表 3-1 和图 3-1。

从图 3-1 可以看出，其中的趋势线大致分为两个群：一是蒙古国、俄罗斯与欧洲、独联体地区的 CPI 变动趋势趋于一致，斜率较大，表明这些国家和地区在 2008—2018 年物价上涨较快，存在通货膨胀的现象或风险；二是中国、韩国、日本与发达经济体、世界水平趋于一致，物价较为平稳。其中，日本的 CPI 在 100% 附近波动，2013 年以后保持了微小幅度的上升趋势，存在通货紧缩的风险。

3.1.2.2 PPI

PPI 反映企业生产成本的变动。东北亚与其他地区 PPI 指标见

表 3 - 1 　　　　　　东北亚与其他地区 CPI 指标[①]

单位：%

地区	2008 年	2009 年	2010 年	2011 年	2012 年	2013 年	2014 年	2015 年	2016 年	2017 年	2018 年
东北三省	97.63	96.92	100.00	105.55	108.32	111.16	113.29	114.92	117.22	119.09	101.4
日本	102.11	100.73	100.00	99.73	99.68	100.03	102.79	103.60	103.48	103.96	104.84
韩国	94.54	97.14	100.00	104.03	106.30	107.68	109.06	109.83	110.89	113.05	113.05
朝鲜	—	—	—	—	—	—	—	—	—	—	—
蒙古国	84.44	90.87	100.00	108.41	123.95	136.95	153.73	162.54	163.74	170.80	172.21
俄西远	83.83	93.59	100.00	108.44	113.94	121.64	131.15	151.53	162.20	168.17	103.75
发达经济体	—	—	100.00	102.34	104.32	105.72	107.17	107.50	108.34	110.14	—
独联体（CIS）	—	—	100.00	110.01	118.06	126.28	137.17	159.53	173.17	182.98	—
欧洲	—	—	100.00	108.18	115.56	122.50	130.97	145.98	155.94	165.35	—
世界	—	—	100.00	104.95	109.37	114.10	118.37	122.56	126.73	131.53	—

资料来源：IMF 数据库。

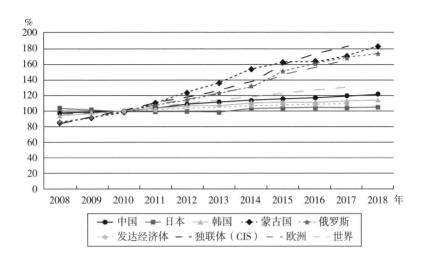

图 3 - 1   东北亚与其他地区 CPI 变动趋势

（资料来源：IMF 数据库）

表 3 - 2。如图 3 - 2 所示，2010 年以后俄罗斯 PPI 上升幅度较显著，显示出 2008—2018 年企业生产环节的生产成本攀升较快，这导致最终产品的销售价格上涨，人民生活成本增加；中国、日本、韩国与发达经济体的变动趋势一致，较为平稳，在 100% 附近波动，由生产环节的成本波动造成通货紧缩或通货膨胀的潜在风险较低。

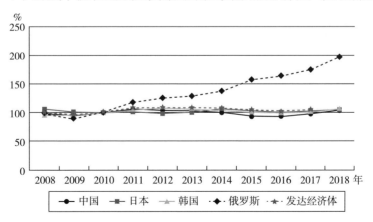

图 3 - 2   东北亚与其他地区 PPI 变动趋势

（资料来源：IMF 数据库）

表 3 - 2　　东北亚与其他地区 PPI 指标① (2010 = 100)

单位：%

地区	2008 年	2009 年	2010 年	2011 年	2012 年	2013 年	2014 年	2015 年	2016 年	2017 年	2018 年
东北三省	100.19	94.78	100.00	106.01	104.21	102.23	100.29	95.07	93.75	99.66	106.8
日本	105.69	100.14	100.00	101.43	100.56	101.81	105.07	102.67	99.08	101.39	101.4
韩国	96.53	96.33	100.00	106.71	107.45	105.73	105.17	100.95	99.11	102.53	102.54
朝鲜	—	—	—	—	—	—	—	—	—	—	—
蒙古国	—	—	—	—	—	—	—	—	—	—	99.16
俄西远	96.01	89.11	100.00	117.71	125.19	129.64	137.59	156.61	163.37	175.85	117.19
发达经济体	100.33	95.64	100.00	106.18	108.01	107.35	106.29	103.1	100.84	104.14	—

资料来源：IMF 数据库、中国国家统计局数据库。

3.1.2.3 M_2

M_2 是用于记录广义货币供应量的重要指标,同时反映了现实和潜在的购买力。东北亚与其他地区 M_2 增长率见图 3 – 3 和表 3 – 3。

从图 3 – 3 中对比可知,蒙古国 M_2 波动最为剧烈,2008—2010 年,由波谷 – 5.57% 迅速攀升至波峰 62.49%;随后持续下降,5 年间迅速下降至波谷 – 5.50%;2015 年之后保持了较快的上升趋势,2017 年高达 30%。货币政策的频繁变动,在一定程度上显示出蒙古国的经济稳定性不足。变动幅度和频率紧随其后的是中国与俄罗斯,货币政策的调整力度也较大;韩国 M_2 增长率与东加勒比货币联盟、西非经济和货币联盟水平接近;最为平稳的是日本,M_2 增长率的标准差接近零,显示了日本中央银行较为稳定的货币政策。

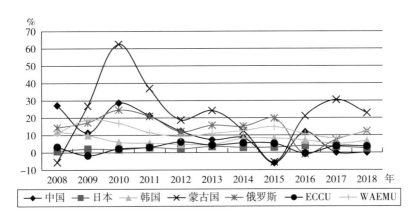

图 3 – 3 东北亚与其他地区 M_2 增长率变动

(资料来源:IMF 数据库)

2018 年日本经济温和复苏,经济的良性循环得以实现,政府将在 2019 年和 2020 年初步预算中采取临时和专项措施,全力确保经济持续复苏,缓解 2019 年 10 月 1 日消费税上调的负面影响,包括采取措施消除需求波动等。2018 年由于能源价格上涨,整体

表 3 - 3　　东北亚与其他地区 M_2 增长率

单位：%

地区	2008 年	2009 年	2010 年	2011 年	2012 年	2013 年	2014 年	2015 年	2016 年	2017 年	2018 年
东北三省	27.26	11.42	28.70	21.22	12.33	7.40	8.51	-6.02	11.80	—	8.2
日本	0.84	2.07	1.78	2.90	2.20	3.45	2.94	3.02	3.91	3.47	9.73
韩国	11.96	9.89	5.98	5.48	4.81	4.64	8.14	8.19	7.12	5.10	5.1
朝鲜	—	—	—	—	—	—	—	—	—	—	—
蒙古国	-5.57	26.99	62.49	37.03	18.73	24.18	12.50	-5.50	20.99	30.45	10.05
俄西远	14.33	17.32	24.59	20.86	12.07	15.66	15.13	19.72	-0.91	7.39	8.52
东加勒比货币联盟（ECCU）	3.29	-1.70	2.20	3.05	6.15	4.28	5.47	5.18	-0.49	3.70	3.54
西非经济和货币联盟（WAEMU）	11.12	18.90	16.86	11.52	9.19	10.99	12.57	14.81	10.68	8.47	12.47

资料来源：IMF 数据库。

和核心通货膨胀势头强劲，但仍远低于日本中央银行 2% 的通货膨胀目标。与此同时，货币政策将继续保持宽松，支持有利的金融环境。

总体来说，尽管消费税计划上调，但日本潜在增长仍将保持稳定，中期增长将更接近潜在增长。根据目前的政策，通货膨胀率很可能会接近但仍低于日本中央银行 2% 的目标。与全球前景一致，风险已转向下行。日本的宏观金融脆弱性、财政整顿需求以及有限的货币政策空间，使其经济更容易受到不利冲击，特别是从中长期来看，随着人口问题日益严峻，更是如此。

2018 年，俄罗斯 CPI 呈现逐渐升高的趋势。根据俄罗斯联邦统计局的数据，CPI 比 2017 年同期上涨了 3.5%，年末通货膨胀率将为 4.05%。2018 年俄罗斯中央银行继续以控制通货膨胀为货币政策目标，实行了比较审慎的宏观货币政策。俄罗斯银行体系运行稳健，在监管方面继续加强对商业银行和资本市场的监管。

2018 年韩国居民消费价格年均上涨 1.5%，低于上年同期水平，房屋销售价格同比上涨 1.1%，涨幅比上年有所回落。首尔与其他地区之间的差距全面显著扩大，尽管出现了短暂的通货膨胀，但通货膨胀率仍然很低。这主要是由于能源和食品价格的上涨，韩国中央银行（Bank of Korea）只在 2018 年底才暂时实现了 2% 的通货膨胀目标。与 2017 年相比，韩国工业产品价格涨幅略有下降，这是受国际油价下跌和四国燃油税下调导致的成品油价格涨幅小幅放缓的影响。2018 年，核心通货膨胀率（不包括食品和能源的 CPI）从 2017 年的 1.5% 降至 1.2%。

截至 2018 年底，蒙古国 M_2 同比增长 22.8%。金融系统贷款余额同比增长 26.5%。经济高度暴露于全球大宗商品市场，国内物价受国外价格影响较大。

3.1.3 就业和收入

从就业情况来看，东北亚地区的失业率总体上低于世界平均水平，且失业率水平呈下降趋势，所有经济体的失业率均比上年有所下降，地区整体失业率下降幅度超过亚洲和世界平均水平，体现出了较为稳定的就业形势。

东北亚地区区域经济有很大的差异性，各经济体的生产力发展水平不一，产业结构梯度明显。首先，日本经济高度发达，处于第一个等级，以技术密集型和资本密集型产业为主，正在发展高技术产业。其次，韩国处于第二个等级，以资本密集型产业为主，最近技术密集型产业急速发展，而劳动密集型产业所占比重急剧减少。处于第三个等级的是东北三省、俄西远、朝鲜、蒙古国，这些经济体的产业基本上以劳动密集型和资源密集型产业为主，经济发展比较落后。经济发展的差异性导致东北亚主要经济体之间人均收入差距非常大，日本和韩国远远高于其他几个经济体，2018年人均国民总收入（GNI）分别达到41340美元、31657美元，人均收入最高的国家（日本）是最低国家（朝鲜）的60倍。在日本和韩国人均收入水平的拉动下，东北亚地区人均收入水平远高于亚洲和世界平均水平。与其他经济集团相比，东北亚地区的人均收入虽然低于OECD和欧盟，但高于G20、金砖国家和东盟的人均收入。区别于其他经济集团人均收入上涨的趋势，东北亚地区人均收入水平出现了负增长。

3.1.4 国际贸易和投资

3.1.4.1 国际贸易

2018年，东北亚地区进出口贸易总额较上年增长了9.44%，增长率较上年略有下降。这主要是各个经济体在对外贸易的差异化表现所致。由图 3－4 可知，东北亚地区进口总额的增长率高于世界平均水平，且高于 OECD 和北美自由贸易区（NAFTA）等经济组织；出口总额的增长率低于世界平均水平，且低于其他经济组织。

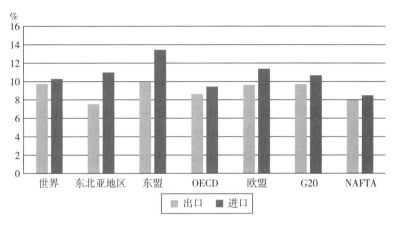

图 3－4　2018 年世界主要经济体国际贸易增长率对比

（资料来源：UNCTAD）

东北亚地区的进出口贸易总额主要由中国、日本和韩国三个国家拉动，且俄罗斯和朝鲜近年来受发达国家以及世界经济制裁的影响较大，因此总体上的表现比较突出。

2018 年，日本进出口贸易总额增长 8.25%，比 2017 年降低 0.01 个百分点。从出口来看，占出口额约两成的汽车等运输机器出口额增长了 5.2%，半导体制造机器、集成电路等数码相关产品出口增速为 4.5%。近年来，日本的数码相关产品出口中，半导体制造机器发挥了优势，持续高速增长。与半导体制造机器相关联的半导体电子零部件和集成电路增长了 4.6%。2018 年，面向建筑机械外需的出口额在北美、欧洲和亚洲地区增长，比 2017 年增长 12.6%。面向亚洲地区的日本化妆品也颇受欢迎，出口持续扩大。从进口来看，虽然自 2012 年以来，日本原油的进口量连续 6 年缩小，但由于价格上涨，2018 年原油的进口额为 805 亿美元，比上年增长了 26.4%。由于液化天然气和石油制品等其他矿物性燃料价格的上涨，矿物燃料的进口额增长了 23.7%，达 1747 亿美元，矿物燃料进口额继续占进口额的一半左右。在机械设备方面，占进口额约两成的数码相关产品进口增长了 4.7%。此外，由于 2018 年国内需求增加，日本拥有优势的半导体制造机器进口量猛增 38.5%。运输设备和化学品进口增速也超过 10%。2018 年日本的国际收支中，经常收支盈余为 1754 亿美元，比 2017 年减少了 266 亿美元，盈余幅度的 GDP 比例由 2017 年的 4.2% 缩小到 2018 年的 3.5%。经常收支盈余 4 年来首次缩小的最大原因是贸易收支顺差和服务收支赤字的缩小。旅游服务、知识产权等使用费从 2017 年开始持续扩大盈余幅度，成为服务收支顺差的主要支柱。

韩国进出口贸易总额增长 8.23%，比上年下降 4.77 个百分点。2018 年韩国经常账户盈余为 764 亿美元。由于需求稳定和国际油价上涨，石油和化工产品的出口急剧增加。在资讯科技产品方面，半导体及电脑的出口大幅上升，主要资讯科技公司对数据中心的投资也不断增加。但是，由于智能手机市场已达到成熟阶段以及中国公司的供应量扩大，无线通信设备和显示面板的出口有所下降。

2018 年蒙古国的进出口贸易总额增长 22.9%，比上年下降 4.4 个百分点。对外直接投资流入额增长 45.5%。对外直接投资流出额较上年下降了 24.5 个百分点。2018 年蒙古国与全球 156 个国家进行贸易，外贸总额达 129 亿美元。其中，出口额为 70 亿美元，进口额为 59 亿美元，食品进口额约 4.37 亿美元。其中，

2018 年 12 月出口额为 5.31 亿美元，进口额为 5.04 亿美元，出口同比减少 490 万美元，进口同比增加 750 万美元。

2018 年俄西远进出口贸易总额大约增加 139 亿美元，比上年提高 20.14 个百分点。出口贸易总额增加 118 亿美元，比上年提高 21.42 个百分点。进口贸易总额增加 20.74 亿美元，比上年提高 14.95 个百分点。2018 年俄西远对外贸易继续保持高速增长势头，在欧美对俄经济制裁背景下，俄西远与美国以及欧盟国家的贸易额仍有较大幅度的增长，与欧亚经济联盟成员国之间的贸易额继续提高。从贸易商品结构来看，俄西远出口商品仍以矿物燃料、石油及其蒸馏产品为主，进口商品仍然以机械设备和机电产品为主，贸易结构没有改善。2018 年俄西远对外贸易的增长，既得益于国际油价的上涨，也在很大程度上得益于政府的贸易政策。

朝鲜进出口贸易总额下降 49.7%，比上年降低 34.7 个百分点。出口贸易总额下降 83.8%，比上年降低 46.6 个百分点。进口贸易总额下降 31.9%，比上年降低 33.7 个百分点。从进出口品类来看，朝鲜矿物性燃料、服装、水产品的出口减少了近 100%，食用果实、坚果类出口同比大幅减少 94.5%，钟表和假发类出口则分别增长 1533.7% 和 159.3%。朝鲜进口规模最大的产品为矿物油，其进口额占进口总额的 13.7%；电子产品、锅炉及机械类进口额分别降低 97.6% 和 96.9%。在进口规模整体缩小的情况下，动植物油脂进口和从中国进口的化肥同比分别增长 27.9% 和 132%。

3.1.4.2 国际投资

2018 年日本国际投资增长 4.53%，比 2017 年提高 4.23 个百分点。直接投资存量增长 10.86%，比 2017 年降低 1.24 个百分点。2018 年日本与欧美的直接投资往来下降，而与亚洲特别是东盟的直接投资往来迅速增加。2018 年日本对外直接投资额比 2017 年减少 8.5%。从主要国家和地区来看，面向美国的直接投资降幅达 56.5%，主要原因是 2018 年 4 月进行的大规模投资回收和对美国企业的巨型并购减少。欧盟 2018 年接受的日本直接投资也减少了 16.3%，其主要原因是面向荷兰的直接投资减少了 52.7%。面向亚洲的日本对外直接投资增加了 28.5%，其中面向东盟的投资增加 33.2%，达 298 亿美元，为历史最高，其中新加坡接受的直接投资超过整个东盟投资额的一半。从不同行业来看，对运输机器领域的投资最多，其次是批发零售业。2018 年日本直接投资流入为 259 亿美元，比 2017 年增长 26.7%。从资本形态来看，父子企业之间的资金借贷和债券的再处置等"负债性资本"增幅最大，比 2017 年增加了 72.1%，达到 67 亿美元。代表股票获得和资本筹款的"股票式资本"为 50 亿美元，比 2017 年增加了 68.5%。"收益再投资"达到 142 亿美元，与 2017 年基本持平。从行业类别来看，2018 年投入制造业的对日直接投资比 2017 年增加了 32.0%，达到 132 亿美元。但是，在非制造业，例如批发零售、通信、建设等方面的对日直接投资为 -234 亿美元。在所有行业中，投资额最大的是电器设备（74 亿美元），其次是运输设备（28 亿美元）、化学医药（15 亿美元）。从主要地区来看，虽然 2000 年以来，来自亚洲地区的投资呈增长趋势，但 2018 年投资额却比 2017 年减少了 10.8%，其中主要原因是来自中国、新加坡、中国台湾的投资增长率逐渐减缓。来自韩国的投资增幅最大，比 2017 年增加了 71.9%，达到了 19 亿美元。来自欧洲的投资为 72 亿美元，比上年增加了 32.0%；来自北美的投资为 60 亿美元，比上年减少了 3.5%。

2018 年韩国国际投资下降 22.97%，比上年下降 18.79 个百分点。分产业来看，韩国的外国直接投资集中在制造业（32.9%）、金融和保险（32.6%）、房地产和租赁（10.2%）、批发零售业（4.9%）和采矿业（4.3%）。按区域划分，韩国对外直接投资主要集中在亚洲（34.1%）、欧洲（23.5%）、北美（22.8%）、拉丁美洲（16.3%）、中东（1.7%）、大洋洲（1.3%）和非洲（0.3%）。按国家和地区划分，韩国外国直接投资的前五大目的地是美国（21.7%）、开曼群岛（12.4%）、中国（9.6%）、中国香港（7.0%）和越南（6.4%）。韩国是小规模开放经济，为开拓海外市场和引进先进技术，必须进行对外投资，其投资规模仍低于世界平均水平。

2018 年，蒙古国国际直接投资流入额为 21.74 亿美元，国际直接投资流出额为 0.37 亿美元。在国际直接投资方面，蒙古国的国际直接投资流入额与流出额都很小。蒙古国的经济发展较为落后，所以投资流向国外的数量极少。在吸收国际直接外资方面，2017 年，蒙古国的国际直接投资流入额为 14.94 亿美元，2018 年较上年有明显上升。

在目前俄西远开发阶段，俄罗斯政府试图吸引大量国内外投资，投向仍然是原料产业和为原料出口服务的基础设施建设。虽然俄西远在吸引外资方面表现良好，但是在这一地区仍然存在阻碍国外投资的因素。总体来看，俄西远是国外投资风险较高的地区，法律制度不健全、不规范，缺乏吸引外资的经验，投资安全存疑。

3.2 东北亚经济合作政策的评价

3.2.1 中日韩自贸区

中日韩是东北亚三个比较重要的国家。随着《区域全面经济伙伴关系协定》（RCEP）结束全部文本谈判及实质上的所有市场准入谈判，已经开展了 16 轮的中日韩自由贸易协定（FTA）谈判愈加受到各方关注。中日韩三国领导人及经贸部长都强调，要在RCEP 基础上共同加快推进中日韩 FTA 谈判。

第八次中日韩领导人会议发布的《中日韩合作未来十年展望》明确，中日韩三国将在 RCEP 谈判成果的基础上，加快中日韩 FTA 谈判，力争达成全面、高质量、互惠且具有自身价值的自由贸易协定。

目前谈判的难点在于把中日韩 FTA 打造成"RCEP+"，即在货物贸易、服务贸易、投资自由化水平和规则标准等领域比RCEP 实现更高程度的开放，而且包含更广泛的议题。

中日韩企业合作潜力巨大，合作内容不断丰富，这要求 FTA 谈判不断丰富和完善，打造更贴合业界需求的协定。比如，随着老龄化加速和消费升级，中日韩三国正在形成庞大的健康医疗市场，出现了更多新的合作领域。如果尽量放松各种管制，推动积极合作，将对中日韩三国扩大经贸合作规模发挥非常重要的作用。

3.2.2　投资与金融合作

目前，中日、中日韩、东盟与中日韩（"10+3"）已经建立了较为完善的经济、金融合作机制。中日高层经济对话、中日财长对话等双边会谈已经成功举行了多轮，起到了促进双边经济、金融政策沟通的重要作用。中日韩中央银行行长会议、中日韩在G20 框架内的对话等三边对话机制也逐渐成熟，为东北亚地区的经贸、金融合作提供了保障。

2018 年 1 月 15~17 日，蒙古国总理对韩国进行正式访问。

在国际货币基金组织（IMF）计划框架内，双方签署了韩国向蒙古国提供 5 亿美元优买贷款的总协定；2018 年 4 月 8～12 日，蒙古国总理乌·呼日勒苏赫访问中国。通过双方商定，蒙古国获得 3 亿美元优买贷款，用于中央污水处理厂工程。

目前，面对欧美国家的经济制裁，俄罗斯加紧同中国开展金融合作。2018 年以来，中俄货币互换额快速增长。根据俄罗斯莫斯科交易所的数据，2018 年前 10 个月中俄货币互换额度达到 9430 亿卢布，约是 2017 年 6287 亿卢布规模的 1.5 倍。中国银行间市场购买卢布的人民币业务量也快速增长，2018 年前三季度增幅高达 53%，达到 49 亿元。

3.2.3 能源合作

日本是全球最大的液化天然气消费国、第二大煤炭进口国和第三大石油购买国（EIA，2014），其 80% 以上的能源使用来自进口。俄远东地区，日俄关系在能源层面发展较快。世界顶级液化天然气（LNG）进口国日本和主要能源出口国俄罗斯的能源市场一体化，与更暖的双边政治气候并行，并随着俄罗斯"转向东方"而加速。

俄西远能源储量丰富，限于资金紧张，远东的油气资源勘探投资不足，导致油气资源尚未得到有效的开发。能源合作历来是俄西远与我国经贸合作的重点领域，也是中俄战略协作伙伴关系的重要组成部分。2018 年中俄两国能源合作继续稳步推进。未来，中国与俄西远将在石油开发、天然气领域和电力领域展开更深度的合作。此外，俄罗斯有意通过俄—朝—韩三方铁路建设及能源合作项目，将西伯利亚大铁路与朝鲜半岛铁路连接，从而打造跨朝鲜半岛的能源输送管线，并推动东北亚能源外交。

3.2.4　交通与物流合作

"一带一路"是向西发展的，而龙江陆海丝绸之路经济带却牢牢地抓住了东北亚的视角。除与中国接壤的俄罗斯和蒙古国，该经济带还考虑到了日本和韩国在区域合作中的地位。

中日韩海运产业合作是"中日韩＋"模式的具体体现之一。中日韩三国在海运产业上已有初步合作，建立了基本的合作促进机制。东北亚物流信息服务网络由中方牵头，东北亚各国协作建立，现已完成集装箱船舶动态信息共享标准和集装箱状态信息共享标准的制定，并在中日韩三国推动试点示范项目的开展。

俄罗斯远东与日本之间的直达航线严重不足。为了解决这个问题，日本新潟县和新潟市政府联合本地经济界人士，准备开设新潟至符拉迪沃斯托克、扎鲁比诺的海上航线。

中俄蒙三国经济走廊将通过交通、货物运输和跨国电网的连接，打通三国经济合作的走廊建设。

3.2.5　科技合作

日本创新能力强，产业技术水平高、附加值高、能耗低，在生物医药、航天飞机、核能、钢铁、制造业、精密仪器制造、机器人等领域均位于世界前列，是世界第三大经济体和制造业强国。日本近年来开始重视与亚洲国家的多边科技合作，针对不同国家、不同领域采取区分政策，包括竞争性、互补性、援助性等合作政策。面向发展中国家设立的可持续合作研究计划、面向亚洲地区设立的亚洲科技门户计划和东亚科技创新区联合研究计划等，具体项目包括国际联合研究计划、建立研究教育中心计划、年轻研究人员的国际交流计划、海外研究人员到日本的交流计划等。日本企业在技术、管理、人才等方面的优势，对于推动中国产业和技术转型升级至关重要，两国可在高端制造、节能环保、旅游等领域拓展合作空间。随着中国劳动力成本、资源环境成本的提高及对投资领域的限制，双方投资及合作领域也将发生变化。日本的低端制造业逐步转移到东盟，高端制造业逐渐加大对中国的投资，具有广阔空间。

3.3 东北三省经济发展的评价

东北三省作为我国传统的老工业基地，向来是我国主要经济板块之一。新时期，东北的振兴和发展无论是从质量上还是速度上都远远慢于国家战略的发展要求。近几年我国东北地区经济增长势头下滑，对东北亚经济影响力和经济一体化的推动力变得不足，尤其是吉林省和黑龙江省近几年发展势头不足，其经济发展能力远低于经济发达省份，甚至没有超越国家经济指标的平均值。随着东北亚区域经济合作的进一步加强，东北三省应借助其地缘区域优势，提高东北地区在东北亚区域的竞争力，实现其与周边国家在经济发展上的深度合作，实现互利共赢。

3.3.1 进一步建立经济协同发展格局，通过互助带动地区经济发展

东北三省虽然经济和自然情况各有不同，但是东北地区的全面振兴可以建立在区域经济协调发展的基础之上。东北三省可以根据各自情况，建立经济协同发展格局，进而实现全面、协调、可持续发展。在东北三省中，辽宁省的经济发展水平略高于其他地区，其代表性城市，如沈阳和大连作为地域性中心城市，在一定程度上可以起到带头和示范的效应，而且从地理位置上看，沈

阳和大连的经济辐射范围并不相同，可以互补地实现经济辐射周边城市的作用。辽宁省可以通过中心城市发展带动周边城市进步的方法，促进全省经济的协调发展。吉林省和黑龙江省经济发展的中心城市，如长春和哈尔滨，同样可以发挥辐射作用，带动周边城市的发展。另外，东北三省应加强重点地理区域和重点经济领域的合作，力争在经济发展的各个方面开展积极合作、实现优势互补，形成东北地区协同发展的新格局。东北三省的发展，重点是在区域发展中补短板、强弱项，从中拓宽发展空间、增强发展后劲，实现全面、协调、可持续发展。

首先，东北三省要明确自身的优势所在，通过优势互补、全方位沟通交流，逐步完善协同发展制度；应该总结先进的经验做法，推进体制机制的全面创新；在开展产业务实合作的同时，加快结构调整步伐，共促科技成果转化，提升创业创新水平；搭建合作平台载体，探索共赢发展新路。

其次，加强与国内经济状况良好地区的沟通交流与经济合作。东北三省应该探索对接京津冀协同发展的路径，通过借鉴京津冀协同发展的经验，对接当地经济发展实况，找出和扶植适合东北地区发展的重点产业。东北三省应该与长江经济带的发展相对接，借鉴和发展其生态优先、绿色发展的理念，进一步打破行政分割、市场壁垒，实施经济要素有序自由流动等相关经济政策。东北三省也应该做好与周边省份的经济互助发展，通过与周边省份基础设施的互联互通提升市场一体化水平，通过与周边地区协调发展，带动整个东北地区经济的全面复苏和发展。

最后，发展创新的跨区域合作模式。东北三省应该充分利用各种载体，搭建促进东北地区与其他经济先行区地方政府、部门和企业间合作的平台；全面推进各项合作内容，为合作项目提供优质的营商环境，推动重大合作项目尽早落地、开工、运营及取得回报，形成共赢的良好氛围，为形成面向东北亚区域开放合作的战略高地发挥重要作用。

3.3.2 利用区位优势，力争全面参与东北亚经济合作

东北三省既沿边又沿海，地理位置得天独厚，与东北亚其他国家紧密相连，与俄罗斯接壤，具有良好的经济开放优势。东北三省应该积极推进东北地区融入东北亚合作的发展平台，发挥东北地区老工业基地的优势，推进国际产能和装备制造合作，构建全方位的对外开放新格局，打造多元化开放合作平台；探索对接京津冀协同发展、与东部地区建立对口合作机制的路径，将东北地区打造成为我国向北开放的重要窗口和东北亚地区合作的中心枢纽。东北三省也应该继续拓展和繁荣与俄罗斯的边境贸易，利用中俄贸易互补的特点，谋求中俄边境贸易的长足发展。

3.3.3 发挥地缘优势，积极参与中日韩自由贸易区的发展建设

对于东北亚地区而言，目前难以形成全区域的自由贸易区，因此中日韩自由贸易区谈判对推动当前东北亚地区多边经济合作具有重要作用。

东北三省有多个沿边口岸城市，如辽宁省的丹东市、吉林省的珲春市、黑龙江省的黑河和绥芬河，在对接朝鲜和俄罗斯经济贸易合作中可以发挥重要的作用。应积极探索东北三省沿边口岸城市经济合作形式及模式，寻求发展沿边口岸城市国际化合作模式，为中日韩自由贸易区以及未来东北亚自由贸易区

建立示范先行区。

　　早在 2012 年，大连市多位在辽宁省的全国政协委员就联名向全国"两会"提交关于设立大连中日韩自由贸易区先行区的提案，希望大连加快制度创新，与中国沿海港口争夺东北亚国际中转和加工贸易资源，谋求在东北亚更大的竞争优势。2017 年 3 月，国务院印发《全面深化中国（上海）自由贸易试验区改革开放方案》和各地自由贸易试验区总体方案，在我国中西部和东北地区新建包括辽宁在内的 7 个自由贸易区。

　　辽宁自由贸易区的实施范围达 119.89 平方公里，涵盖三个片区：大连片区 59.96 平方公里，沈阳片区 29.97 平方公里，营口片区 29.96 平方公里。加快市场取向体制机制改革、积极推动结构调整，努力将自由贸易区建设成为提升东北老工业基地发展整体竞争力和对外开放水平的新引擎，并成为推动中日韩自由贸易区建立的示范先行区。

3.3.4　寻找促进内生性增长的新要素

　　东北亚局势的新变化，为东北三省的振兴发展带来了新的政策红利。东北三省可以通过对外开放和对内改革，形成新的内生增长动力。在对外开放方面，东北三省应该注重外向型拉动对产业转移的承接，带动优势资源的开发，延长资源型产业链，并使非资源型科技含量高的新兴产业快速成长，实现创新发展和绿色发展。在对内改革方面，东北三省要注意到自身存在的问题，减少人才流失，吸引先进人才流入。近年来，东北三省人才流失现象非常严重，本地区的优秀人才流出，使东北三省的振兴发展无可用的得力之人。由于东北三省人才政策无吸引力、工资水平比较低，很多有志之士也没有选择来东北奉献力量，更加重了"人才荒"的形成。所以,东北三省应该增强人才吸引的优势,提高人才待遇水平,提供人才发展的相关设施和条件,力争在留住本地人才的同时,吸引大量外地人才的流入,为东北地区的经济发展作出贡献。

4 东北亚经济发展的展望

结合当前的世界经济发展形势以及东北亚地区的经济表现，我们预测东北亚地区经济增长趋势不会改变，但是增速将放缓。伴随着全球贸易单边主义和保护主义的抬头，在全球经济形势严峻且复杂的态势下，东北亚地区各经济体之间的贸易和投资合作将迎来新的契机。

4.1 东北亚总体经济发展趋势的展望

4.1.1 地区生产总值

东北亚的近期前景表明，尽管增长趋势不会改变，但是增速将放缓。预计 2019 年和 2020 年东北亚经济增长将分别放缓至 3.0% 和 2.1%。有几股力量在推动这一前景：在扭曲性贸易措施、不确定政策环境的推动下，商品贸易和投资明显放缓，对经济活动尤其是制造业的活动造成了压力。但是，主要发达经济体放宽货币政策，并相应地放宽金融条件，正在减轻增长放缓对东北亚经济体的影响，然而这样做可能会增加该地区的金融脆弱性。此外，外在的下行风险来自中美贸易紧张局势可能进一步加深、主要贸易伙伴的增长弱于预期、油价上涨、无序的英国"脱欧"及新冠肺炎疫情等。区域内的风险包括中国经济增长放缓速度快于预期、地区紧张局势加深、地缘政治风险上升，以及自然灾害的发生率增加。

4.1.2 物价

我们预测，东北亚地区物价变动将延续近几年的趋势。2019—2020 年，蒙古国物价变动的幅度仍居首位，CPI 变动率将达 5%～5.5%；其次是俄罗斯，CPI 变动率将达 4%～6%；中国 CPI 变动率将达 3%～5%；韩国 CPI 变动率将在 1% 左右；日本 CPI 变动率为 0.5%～1%。

IMF 认为，许多企业通过工作方式改革吸收了增加的成本，因此预测工资上涨不太可能普遍出现，物价上涨也很缓慢。日本目前国内需求疲软，利用财政和货币政策解决内需问题的空间很小。物价方面，我们预计 2019—2020 年 CPI 同比涨幅为 0.5%～1.0%。通货膨胀预期基本保持不变。

根据 2018 年东北三省的经济发展水平及其 CPI 和 PPI 等数据，本报告预测 2019 年东北三省 CPI 将同比增长 2.5% 左右。

俄罗斯中央银行预计 2019 年 CPI 增长 5～5.5 个百分点，2020 年上半年将增长 4 个百分点。本报告认为俄罗斯中央银行未来应当从两个方面发力：一是建立大众对中央银行的信任，降低通货膨胀预期，提升信息透明度，增强大众对政策目标、措施和政策实施结果的理解；二是增强对未来金融状况、经济体系反应和物价动态的预测力（特别是在经济发展外部条件不利的情况下，尤为必要），并根据情况变化及时调整货币政策。

韩国中央银行认为，受国内需求复苏和油价上涨的影响，通货膨胀将逐步回升。由于石油和生鲜食品价格较低，本报告认为全年消费者价格指数将上涨 0.9%。

4.1.3 就业和收入

4.1.3.1 就业

根据国际劳工组织（International Labor Organization，ILO）发布的《世界就业和社会展望：2019 年趋势》，亚太地区经济将继续增长，但是与前几年相比，速度将放缓；同时，截至 2019 年底，该地区失业率将保持在 3.46%（其中：日本 2.3%，俄罗斯 4.6%，韩国 4.2%，朝鲜 2.7%，蒙古国 6.0%，东北三省 3.75%）。

我们认为，东北亚地区的失业率将延续 2018 年的下降趋势，且下降幅度将进一步增加。经济回暖导致的外部需求增长以及制造业的乏力，将使已经处于较低水平的失业率进一步下行。但是，东北亚地区各经济体之间由于其国内经济结构发展差异，就业情况也不尽相同。预计 2019 年，日本人口老龄化导致企业劳动力短缺，失业率仍将维持较低的水平。韩国由于制造业占比过大，产业结构无法应对全球经济下行压力，就业市场疲软，失业率将有一定幅度的上升。由于经济向好、投资增长，俄西远失业率将大幅下降，朝鲜和中国东北三省的失业率变化不大。

4.1.3.2 收入

对人均收入变化的预测主要基于 GNI 和就业水平。2018 年，东北亚地区各经济体人均收入均实现了增长。预计 2019 年，随着东北亚经济形势持续好转，出口大幅增长，外来投资大量增加，对外投资增长强劲，大企业收益状况良好，以及部分国家社会保障能力的提升，人均收入水平会实现不同程度的增长。此外，失业率的进一步下降也会导致人均收入的变化。

4.1.4 对外贸易和投资

我们预测，伴随着全球贸易单边主义和保护主义的抬头，在全球经济形势严峻且复杂的态势下，东北亚地区各经济体之间的贸易和投资合作将迎来新的契机。

目前，东北亚地区各经济体之间在贸易、投资方面的关系十分紧密。中国、日本、韩国和俄罗斯等经济体间的关系逐渐好转，各经济体的发展战略与"一带一路"倡议的对接和融合也日益加强。

作为东北亚地区重要的三大经济体，中国、日本、韩国之间的经贸和投资合作前景十分广阔，三国经贸合作面临新的机遇。自 2012 年 11 月三国启动中日韩自由贸易区谈判以来，至 2019 年 11 月，三方已经进行到了第 16 轮谈判，且在货物贸易、服务贸易、投资、电子商务和知识产权等重要议题的谈判中取得了积极进展。为了应对复杂严峻的经济形势和贸易保护主义的消极影响，未来中日韩三国将加快推进谈判进程，挖掘经贸合作潜力，为东北亚地区乃至世界经济增添新动能。[1]

目前，中国与东北亚地区其他经济体之间的经贸和投资往来也比较密切。2018 年，中国与东北亚地区其他经济体间的贸易额约占中国对外贸易总额的 1/4，较上年有一定幅度的增长。值得注意的是，中日和中韩进出口贸易总额占东北亚地区国家间贸易总额的一半以上。日本和韩国分别是中国的第二大和第三大贸易伙伴，可以利用中韩两国已经签署的打造中韩产业园合作方案，促进双方的进一步合作。

中日韩三国都是科技创新大国，随着服务贸易领域的进一步

---

[1] 资料来源：人民网 http://korea.people.com.cn/n1/2019/1202/c407882-31485276.html。

开放，可以预测，未来中日韩三国在5G、人工智能、大数据、云计算、物联网等领域的投资合作将进一步加强，形成区域乃至世界的创新增长极。

东北三省是中国重要的老工业基地和传统的商品粮基地，且与东北亚地区其他经济体具备明显的地缘优势，大量精通日语、韩语、蒙古语和俄语的高端人才为东北亚各地区间的交流合作创造了有利条件。未来，中国东北三省将发挥其与其他经济体在地缘上的优势，加大招商引资力度，通过产业对接和联合创新等方式加强与其他经济体之间的经贸合作，从而将东北地区打造成连接东北亚地区的桥头堡，以及东北亚地区与中国其他地区的枢纽，带动东北地区的产业升级和经济发展。随着中国新一轮东北振兴战略实施的不断深入，东北三省对外开放的领域将不断拓宽，水平将进一步提升，从而为东北亚地区的资本、技术、信息、人才创造良好的发展环境，实现更高层次的互利共赢。

同时，我们也必须注意到，虽然东北亚地区各经济体间未来经贸与投资合作的局势整体向好，但经济体间在经济制度、政治体制和法律体系上存在诸多差异，经济发展存在显著的不平衡，未来东北亚地区在制度性方面的合作还将面临一定的障碍，挑战与机遇并存。近两年，东北亚地区两大重要的经济体——日本与韩国之间的贸易争端愈演愈烈，如果不能找到很好的解决方式，将对东北亚地区整体经贸合作的发展进程造成阻碍。

4.2 东北亚经济合作展望

东北亚地区以中国、日本和韩国为主要组成部分，东北亚地区的经济发展在全球范围内受到了越来越多的关注。为了深化东北亚地区的经济运行与合作，许多政府和学者一直在考虑实现某些形式的区域经济一体化，如东亚地中海自由贸易领域、东亚自由贸易区、中日韩自贸区、黄海经济区等。

与经济一体化发展良好的欧盟和北美自由贸易区不同，东北亚地区三个主要国家面临意识形态和社会制度的根本差异、人均 GDP 的巨大差距、较低的多边合作水平、复杂的外部因素。因此，在过去的几年中，尽管双边贸易和直接投资及其他领域的交流取得了令人鼓舞的进展，但东北亚整体区域合作并没有取得突破性进展，也没有形成官方的经济合作制度化组织。虽然日本、韩国和中国积极参与了东盟"10＋3"机制（东盟 10 个国家加上中国、韩国和日本），但至今也没有建立一个单独的三方联席会议制度。

从整体和长远的角度来看，东北亚各经济体合作的范围可以是相当广泛的，不仅包括生产、经济、金融、环境，还包括文化、科技和服务等方面，最终形成一个精心设计和运作的多边合作机构，特别是经济合作机构，这是十分必要且有广阔发展前景的。未来几十年，东北亚经济合作的范围将进一步扩大，总的目标是贸易和投资自由化，以促进区域经济一体化。随着东盟"10＋3"机制的牢固建立和 APEC 的良好运行，东北亚国家特别是中国、韩国和日本应抓住机遇，加强本地区的经济合作，拓展其他合作领域。

4.2.1 市场一体化

4.2.1.1 贸易合作——实施跨境无纸化贸易和快速通道的多边自由贸易协定

随着大多数东北亚经济体采取出口导向的发展战略，在过去的 20 年中，该区域在全球贸易和区域内贸易中的份额显著增加。尽管最近贸易增长放缓，但东北亚区域贸易的潜力仍然很大，尤其是在继续推动双边和多边自由贸易协定的情况下。尽管该区域在通过降低关税和简化贸易手续来降低贸易成本方面取得了重大进展，但仍有很大的改进空间，尤其是在通过跨境无纸化贸易加强连通性方面。

4.2.1.2 对外直接投资——建立区域投资框架以加强联系

东北亚地区正在迅速崛起，成为全球经济中具有较大活力的增长引擎之一。外国直接投资和跨国企业是这些现象的驱动力，它们以各种形式为区域一体化作出了贡献。但是，随着近年来区域内和区域间外国直接投资流入之间的差距不断扩大，区域内外国直接投资仍然相对较低。更好的经济合作可能使跨国企业更有效地跨境经营并参与现有和新的全球价值链，从而可能刺激区域内的外国直接投资。

4.2.1.3 人口流动——保持有关人员流动的协调一致的政策

东北亚地区人口的不断变化，例如人口老龄化和劳动力的减少，凸显了人口流动的重要性。尽管无法通过区域平台或机构轻松建立人与人之间的联系，但政府的政策可以促进该区域公民之间的更多互动，这可以产生长期回报，从而加强其他形式的区域合作。东北亚地区在将移民作为吸引技术工人甚至低技能工人的政策推进方面进展缓慢。采取协调和开放的移徙政策将支持该区域人员更大范围的流动，还将通过教育和文化交流增强人与人之间的联系。相互承认资格将使技能要求得到满足，由此在区域提供更多的就业机会。

4.2.2 推动互联互通

4.2.2.1 能源合作——建立一个关于能源连通性的多方利益相关者平台

东北亚地区的能源合作势头正猛，中国的"一带一路"倡议支持区域能源基础设施建设，以及俄罗斯关于在区域建立能源网的建议。自 2016 年签署开发"亚洲超级电网"的谅解备忘录以来，有关各方已就输电方案、项目成本和利润问题完成了前期研究。现在，需要为各国政府和其他利益相关方制定平台，讨论跨境电力贸易所需的监管和政策变化。

能源合作是为东北亚地区带来巨大潜在利益的领域之一。东北亚地区的能源合作与整合有许多有利因素，例如地理上的连续性、该区域在能源供需方面的互补性及能源结构。许多能源连通性的倡议和项目，由于缺乏政府层面和国家能源部门之间的高度可变性，迄今为止尚未实质性实施。因此，面对能源安全和实现能源资源的可持续利用的挑战，需要新的和更有效的区域内合作，包括建立一个多边机制，该机制将有助于就电网互联的各种建议进行对话与合作。

东北亚地区作为处于不同发展阶段国家的主要能源消费国，具有巨大的节能潜力，这可以通过提高能源使用效率来实现。大多数国家一直采取强有力的政策措施来降低能源使用强度。促进区域和政策协调，特别是通过在各国之间传播最佳做法和经验，可以支持这种改进。此外，虽然电网互联的各种想法正在获得政治支持，但该概念缺乏一个政府间框架来促进多边能源合作。需要建立东北亚大国合作的定期对话和沟通机制，使所有国家团结起来，这样一个平台也将促进关于法律、技术和经济条件的对话。

4.2.2.2 交通互联——加大对"软"连接问题的支持力度，以支持该区域的"硬"基础设施计划

随着区域内商品、资本流动的结构和动态变化，跨境运输连通性迅速增加。海上运输的增长潜力是巨大的，世界前五大集装

箱港口中的 4 个位于该区域。但是，经济发展水平和与运输有关的基础设施水平差异很大，再加上跨界运输的补充性法规和法律框架发展缓慢，阻碍了货物和人员的流动。东北亚地区需要一个有凝聚力且高度整合的运输网络。跨境基础设施的发展和区域内部物流网络的改善可能有助于刺激该区域的经济增长。同样，将跨境运输互联互通国家的举措联系起来的分区域战略，包括不同的运输法律和监管框架，将有助于建立一个平台来协调"软"互联互通问题。

4.2.3　金融合作

4.2.3.1　债券市场合作

东北亚债券市场的发展为金融合作提供了明确的共同目标。当然，我们也必须认识到，要在东北亚建立一个至关重要的债券市场，或使这个市场与欧洲债券市场或发达国家的外国债券市场竞争，还有很长的路要走。

如何发展东北亚债券市场？发达国家的经验表明，欧洲债券市场等区域债券市场要与地方债券市场齐头并进。新加坡债券市场的情况也证实，亚洲发展中国家债券市场的不发达是主要的障碍；尽管如此，新加坡本身就拥有完善的债券市场基础设施。从这个意义上说，韩国国内债券市场的改革对亚洲债券市场的发展至关重要。与此同时，如果没有私人部门在需求和供应两个方面的积极参与，一个地区债券市场就不可能繁荣。此外，应利用以一个共同的区域货币篮子即亚洲货币单位计价的区域债券，作为促进债券市场区域金融合作的催化剂。东北亚各国，尤其是中日韩三国货币当局的任务可以总结如下。

第一，国内债券市场改革。国内债券市场的发展是一个地区债券市场发展的前提。发展国内债券市场需要建立健全、有效的金融体系基础设施，其中包括改善监管和透明的商业环境。为了增加对债券的需求，会计制度、披露规则和执法应该根据全球标准进行改革。一个深度和流动性强的政府债券市场应该是改革方案的一部分：它应该提供一条收益率曲线，作为公司债券的基准。

第二，促进以市场为导向的本地债券投资。外汇储备的投资对地区债券市场的影响有限。与此同时，亚洲债券市场不应该成为利用纳税人的钱来解决日本或韩国巨额债务问题的借口；相反，地区国家应通过提供信用评级和信用担保服务，以及改善其清算和结算系统，努力吸引市场对地方债券的投资，特别是可以在地区层面上有效地推广信用提升计划，从而在发行人的眼中将地区债券市场与全球债券市场区分开来。

第三，跨境证券投资自由化。尽管 1997 年金融危机后资本账户自由化进程加快，但东北亚地区对资本交易仍存在大量限制，特别是仍然限制外国投资进入本国债券市场，导致外国投资者在本地债券市场的参与几乎为零，与本地股市形成鲜明对比。为了培育地方和区域债券市场，有必要放开非居民的证券投资。与此同时，值得注意的是，尽管缺乏正式限制，但非本地居民在本地债券市场的发债规模很小。为了不仅在区域一级而且在全球一级促进债券融资，有必要作出协调一致的努力，降低非居民在当地债券市场发行债券的全部费用。

4.2.3.2 开展金融合作以缩小基础设施差距

东北亚地区金融合作的一个关键要素是建立一个机制，作为区域储蓄和投资需求的中介，特别是为区域基础设施的发展提供资金。亚洲基础设施投资银行如果管理得当，将在多个方面满足区域金融合作的长期需求。然而，需要进一步开展区域对话和建立共识，以优化该区域的金融结构，应对今后几年金融发展和全球化的挑战。

筹集满足该区域基础设施需求所需的强大投资资金的明确解决方案来自金融合作。鉴于东北亚地区有大量储蓄，各经济体在金融合作领域可做更多工作，以促进可持续的基础设施发展和弹性增长。中国已经设立了规模达 400 亿美元的丝绸之路基金，亚洲基础设施投资银行有望在促进跨境基础设施发展中发挥关键作用。还有一些区域机制，例如亚洲债券市场计划和亚洲债券基金，其建立是为了帮助匹配该区域的资本供求。但是，为了使这些新的和现有的资金有效运作，该区域需要实现更大的透明度和金融市场法规的统一。

当今金融市场中，一些因素将使为基础设施投资筹集资金变得更加容易，包括长期利率较低、设立新的多边开发银行和机构投资者的增长等。此外，对基础设施项目和减缓气候变化项目大规模融资的需求，为通过发行债券调动资金提供了新的机会。吸引投资者是基础设施项目融资的一个关键因素，在债券市场刚刚起步的国家，要注意风险防范，特别是与不确定的法律和产权问题有关的风险及政府透明度问题。此外，由于存在复杂的法律和财务结构，基础设施融资需要大量专业知识。

在东北亚地区，许多现有的区域机制具有广泛的任务授权，以促进经济合作，其中包括中国、日本和韩国之间通过三边合作秘书处的合作，大图们江倡议（中国、蒙古国、韩国和俄罗斯）以及由中亚国家、中国和俄罗斯联邦组成的上海合作组织。这些区域机制一方面允许实现不同参与水平的多个目标，以实现加强区域合作的共同目标；另一方面，由于许多活动是在没有协调或统一的情况下并行的，因此在区域一级努力变得更加复杂。

4.3　东北三省经济发展展望

在地区生产总值的预测上，我们依据 2000—2018 年东北三省的地区生产总值数值，以及影响地区生产总值的消费、固定资产投资与进出口数值等，建立线性回归方程进行预测。据预测，2019 年，辽宁、吉林、黑龙江地区生产总值增速将分别达 −1.6%、−22% 和 −16% 左右。

在物价方面，根据 2018 年东北三省的经济发展水平及其 CPI 和 PPI 等数据，本报告预测 2019 年东北三省的 CPI 将同比增长 2.5% 左右。

在进出口贸易方面，依据 2000—2018 年东北三省的进出口贸易数值，以及东北三省经济发展状况，本报告预测东北三省 2019 年进出口贸易的增速达 −5% 左右，较上年大幅下跌。

［北京语言大学商学院院长、东北财经大学经济研究院执行院长（北京）　杜金富］

分报告一

2019 年日本经济发展报告

1 日本的经济地位

1.1 GDP

2018 年，日本 GDP 为 6.1897 万亿美元（2010 年美元不变价）[1]，比上年提高 0.0484 万亿美元，占世界的 7.49%，比上年下降 0.17%。

作为一个发达国家，日本在亚洲乃至世界经济中都具有比较重要的地位和较大的影响，外向型经济明显，同时受到世界经济和国际市场的显著影响。2018 年，日本经济将呈现小幅回升并保持中低速增长的走势，经济增长压力有所加大，压力主要来源于国内投资需求不振。

1.2 人口、就业和收入

日本人口为 1.26 亿人，占亚洲的 2.78%，占世界的 1.67%。[2]

日本人口占比偏小且连年下降。以占比不到 2% 的人口创造出占世界 10% 左右的 GDP，可见日本对世界经济的重要性。日本的人口增长率则降幅明显，日本人口负增长的原因，除了越来越高的死亡率、越来越低的出生率，还有日本老龄化速度加快。在

---

① 资料来源：世界银行数据库。
② 同上。

人口减少的同时，日本人口结构严重失衡，年轻劳动力减少，导致日本面临劳动力严重不足的困境。

日本失业率为 2.4%，比亚洲低 1.2%，比世界平均水平低 2.6%。[①]

在主要发达国家中，日本一向以雇佣稳定、失业率低而著称，这也是日本经济的特征之一。日本的失业率一直维持在 2.0%~5.5%，而世界平均水平不低于 5%，甚至超过 6%。

日本年人均国民总收入为 41340 美元，比亚洲平均水平高 276.61%，比世界平均水平高 272.40%。[②]

日本的人均国民总收入远高于世界平均水平，且日本与世界人均 GNI 之间的差距还在逐渐拉大。

1.3 土地

日本土地面积为 37.8 万平方公里，占亚洲的 1.18%，占世界的 0.28%。

日本国土资源匮乏，日本人口密度非常高，是世界平均水平的 7 倍，为世界第八。然而，随着日本人口的下降，日本人口密度呈下降趋势。

1.4 进出口贸易总额

日本进出口贸易总额为 18547.4 亿美元[③]，占世界的 3.75%，比 2017 年降低 0.04 个百分点。出口贸易总额为 9293.60 亿美元，占世界的 3.71%，比 2017 年降低 0.1 个百分点。进口贸易总额为

---

① 资料来源：国际劳工组织数据库。
② 资料来源：世界银行数据库。
③ 资料来源：IMF 发布的《国际收支统计年鉴》。

9253.80 亿美元，占世界的 3.79%，比 2017 年提高 0.03 个百分点。

1.5 国际投资

日本国际投资总额为 30813.36 亿美元①。

对日本的直接投资流量为 98.58 亿美元②，占世界直接投资流量的 0.76%；存量为 2137.54 亿美元，占世界直接投资流入存量的 0.66%。日本对外直接投资流量为 1431.61 亿美元，占世界对外直接投资的 14.12%；存量为 16652.00 亿美元，占世界对外直接投资存量的 5.38%。

1.6 日本与东北亚其他经济体国际贸易

日本对中国的贸易总额为 3089.27 亿美元，占亚洲的 40.66%③，比 2017 年提高 0.13 个百分点；占世界的 20.78%，比 2017 年降低 0.28 个百分点。对中国的出口总额为 1373.86 亿美元，占亚洲的 33.92%，比 2017 年提高 0.94 个百分点；占世界的 18.61%④，比 2017 年提高 0.55 个百分点。出口产品以机器和机械器具设备与零件为主，占 45.13%；其次是矿产品，占 12.04%。对中国的进口总额为 1715.41 亿美元，占亚洲的 48.36%，比 2017 年降低 0.93 个百分点；占世界的 18.36%，比 2017 年降低 5.83 个百分点。进口产品以机器和机械器具设备与零件为主，占 46.04%；其次是纺织原料及纺织制品，占

---

① 资料来源：IMF 发布的《国际收支和国际投资头寸统计》。
② 资料来源：UNCTAD。
③ 日本在亚洲的进出口金额数据取自 Wind 数据库，来自日本财务省。
④ 此处数据为日本对世界出口的占比，进口占比计算方法相同。

12.63%。贸易逆差为 341.55 亿美元。

日本对韩国的贸易总额为 807.73 亿美元,占亚洲的 10.63%,比 2017 年降低 0.31 个百分点;占世界的 5.43%,比 2017 年降低 0.25 个百分点。对韩国的出口总额为 500.11 亿美元,占亚洲的 12.35%,比 2017 年降低 0.94 个百分点;占世界的 6.77%,比 2017 年降低 0.5 个百分点。出口产品以机器和机械器具设备与零件为主,占 36.54%;其次是化学工业及其相关工业的产品,占 17.95%。对韩国的进口总额为 307.62 亿美元,占亚洲的 8.67%,比 2017 年提高 0.45 个百分点;占世界的 4.11%,比 2017 年提高 0.08 个百分点。进口产品以机器和机械器具设备与零件为主,占 28.39%;其次是矿产品,占 16.95%。顺差为 192.49 亿美元。

日本对俄罗斯的贸易总额为 227.4 亿美元,占亚洲的 2.99%,比 2017 年提高 0.22 个百分点;占世界的 1.53%,比 2017 年提高 0.09 个百分点。对俄罗斯的出口总额为 71.61 亿美元,占亚洲的 1.77%,比 2017 年提高 0.23 个百分点;占世界的 0.97%,比 2017 年提高 0.13 个百分点。出口产品以车辆、航空器、船舶及有关运输设备为主,占 58.39%;其次是机器和机械器具设备与零件,占 23.08%。对俄罗斯的进口总额为 155.79 亿美元,占亚洲的 4.39%,比 2017 年提高 0.19 个百分点;占世界的 2.08%,比 2017 年提高 0.02 个百分点。进口产品以矿产品为主,占 69.95%;其次是贱金属及其制品,占 10.27%。贸易逆差为 84.18 亿美元。

日本从远东地区进口为 6.12 亿美元,占远东地区出口的 22%,是远东第三大出口国,比 2017 年增加 27%;向远东地区出口 4.95 亿美元,占远东地区进口的 7.9%,比 2017 年下降

15.2%，为远东地区第三大进口国。①

日本对蒙古国的贸易总额为5.40亿美元，占亚洲的0.07%，比2017年提高0.01个百分点；占世界的0.04%，比2017年提高0.01个百分点。对蒙古国的出口总额为5.08亿美元，占亚洲的0.13%，比2017年提高0.03个百分点；占世界的0.07%，比2017年提高0.02个百分点。出口产品以车辆、航空器、船舶及有关运输设备为主，占77.29%；其次是车辆、航空器、船舶及有关运输设备，占9.35%。对蒙古国的进口总额为0.32亿美元，占亚洲的0.01%，比2017年提高0个百分点；占世界的0.004%，比2017年降低0.001个百分点。进口产品以纺织原料及纺织制品为主，占34.65%；其次是矿产品，占33.56%。贸易顺差为4.76亿美元。

1.7 日本与东北亚四国国际投资

日本对中国的投资额为1464.40亿美元②（其中：直接投资额为1237.75亿美元，间接投资额为226.65亿美元），占亚洲的24.33%③，比2017年降低0.04个百分点；占世界的1.62%，比2017年提高0.08个百分点。中国对日本的投资额为1398.18亿美元（其中：直接投资额为34.53亿美元，间接投资额为1363.65亿美元），占亚洲的31.48%，比2017年提高0.75个百分点；占世界的4.11%，比2017年提高0.13个百分点。

日本对俄罗斯的投资额为47.16亿美元（其中：直接投资额为15.30亿美元，间接投资额为31.86亿美元），占亚洲的

---

① 资料来源：日本贸易振兴机构（JETRO）发布的2019年版《世界贸易投资报告》。
② 资料来源：Wind 数据库。
③ 此处为日本在亚洲的投资存量占比。

0.78%，比 2017 年提高 0.12 个百分点；占世界的 0.05%，比 2017 年提高 0.01 个百分点。俄罗斯对日本的投资额为 0.63 亿美元（其中：直接投资额为 0.58 亿美元，间接投资额为 0.05 亿美元），占亚洲的 0.01%，比 2017 年提高 0 个百分点；占世界的 0%，比 2017 年提高 0 个百分点。

日本对韩国的投资额为 608.67 亿美元（其中：直接投资额为 391.46 亿美元，间接投资额为 217.21 亿美元），占亚洲的 10.11%，比 2017 年提高 0.16 个百分点；占世界的 0.67%，比 2017 年降低 0.01 个百分点。韩国对日本的投资额为 370.94 亿美元（其中：直接投资额为 67.12 亿美元，间接投资额为 303.82 亿美元），占亚洲的 8.35%，比 2017 年降低 0.24 个百分点；占世界的 1.09%，比 2017 年降低 0.02 个百分点。

据蒙古国银行统计，截至 2018 年 12 月底，日本直接投资蒙古国的金额达到 7.5 亿美元。[①]

---

① 资料来源：日本贸易振兴机构发布的 2019 年版《世界贸易投资报告》。

2 日本经济发展形势

2.1 GDP

2018 年，日本 GDP 增长 0.79%，比上年下降 1.14%。投资增长 2.83%，比上年提高 3.66%，对 GDP 的贡献度为 32%。消费增长 0.91%，比上年提高 0.62%，对 GDP 的贡献度为 29%。净出口增长 – 1.24%，比上年下降 1.17%，对 GDP 的贡献度为 –47%。

2018 年日本季度经济增长率分别为 – 0.2%、0.6%、–0.7% 和 0.3%，呈现正负交替的态势。其中，第三季度西部地区暴雨，加上北海道地震等自然灾害，使经济大幅萎缩。全年来看，虽然日本经济已保持连续 7 年的增长，但增长势头已现疲态。

2.2 物价

2018 年，日本 CPI 为 104.98%，比上年提高 1.02%①。

8 月，日本 CPI 为 101.6（2015 年为 100），高于上月 101 的水平，环比增长 0.5%，同比增长 1.3%，价格水平有所回升，但与日本中央银行设定的 CPI 年度增长 2% 的"价格稳定性目标"仍有一定距离。

---

① 资料来源：世界银行数据库。

2.3 就业与收入

日本失业率为 2.4%，比上年降低 0.4%。[①]

日本年人均收入增长 7.46%，比上年提高 5.08%。

日本人均 GNI 增长率大部分年度为正增长。近年来，增长率变动幅度较大，与安倍政府上调消费税税率有一定关联。消费税税率的上调短期内会促使居民提前消费，拉动经济增长，提高居民人均收入，但另一方面，从长远来看，则会抑制居民消费的意愿，不利于经济增长。目前日本在人均收入方面面临的问题之一是收入不平等，而劳动力市场二元论是日本收入不平等加剧的主要原因。

2.4 国际贸易

日本进出口贸易总额增长 8.25%，比 2017 年降低 0.01 个百分点。出口贸易总额增长 6.15%，比 2017 年降低 1.73 个百分点。进口贸易总额增长 10.44%，比 2017 年提高 1.78 个百分点。

2018 年上半年，日本贸易仍保持 2017 年的增长势头，但是从 2018 年年中开始，围绕世界贸易的环境越来越不明朗，再加上主要出口地中国的经济减速、自然灾害所带来的对物流和生产活动的打击等，日本的进出口贸易增速明显下降，这种影响预计将带入 2019 年。[②]

从出口来看，占出口总额约两成的汽车等运输机器出口额增加了 5.2%，达 1727 亿美元。运输设备以外的机械设备方面，半

---

① 资料来源：国际劳工组织数据库。
② 资料来源：日本贸易振兴机构发布的 2019 年版《世界贸易投资报告》。

导体制造机器、集成电路等数码相关产品增速为4.5%。近年来，日本的数码相关产品出口中，半导体制造机器发挥了优势，持续高速增长。

从进口来看，虽然自2012年以来，日本原油的进口量连续6年缩小，但由于价格上涨，2018年原油的进口额为805亿美元，比上年增加了26.4%。由于液化天然气和石油制品等其他矿物性燃料价格上升，矿物燃料的进口额增加了23.7%，达到1747亿美元，矿物燃料进口额继续约占总进口额的一半。在机械设备方面，占进口总额约两成的数码相关产品进口额增加了4.7%。此外，由于2018年国内需求的增加，日本拥有优势的半导体制造机器进口量猛增38.5%。运输设备和化学品进口增速也超过10%。

2018年日本的国际收支中，经常收支盈余为1754亿美元，比2017年减少了266亿美元，盈余幅度的GDP比例由2017年的4.2%缩小到3.5%。经常收支盈余4年来首次缩小的最大原因是贸易收支顺差和服务收支赤字的缩小。旅游服务、知识产权等使用费从2017年开始持续扩大盈余幅度，成为服务收支顺差的主要支柱。

2.5 国际投资

2018年日本国际投资增长4.53%，比2017年提高4.23个百分点。[①] 直接投资存量增长10.86%，比2017年降低1.24个百分点。2018年日本与欧美的直接投资往来下降，而与亚洲特别是东盟的直接投资往来迅速增加。

2018年日本对外直接投资额比2017年减少8.5%。对海外企

---

① 数据来源：Wind 净国际投资头寸按12月平均汇率折算。

业的并购和对海外的绿色领域投资等的"股票资本"减少了29.2%，是对外直接投资下跌的主要原因。从主要国家和地区来看，面向美国的直接投资降幅达56.5%，主要原因是2018年4月进行的大规模投资回收和对美国企业的巨型并购减少。欧盟2018年接受的日本直接投资也减少了16.3%，其主要原因是面向荷兰的直接投资减少了52.7%。面向亚洲的日本对外直接投资增加了28.5%，其中面向东盟的投资增加了33.2%，达298亿美元，为历史最高，其中新加坡接受的直接投资超过整个东盟投资额一半。从不同行业来看，对运输机器领域的投资最多，其次是批发零售业。

2018年日本直接投资流入为259亿美元，比2017年增长26.7%。从资本形态来看，父子企业之间的资金借贷和债券的再处置等"负债性资本"增长最多，比2017年增加了72.1%，达到67亿美元。代表股票获得和资本筹款的"股票式资本"为50亿美元，比2017年增加了68.5%。"收益再投资"达到142亿美元，与2017年基本持平。从行业类别来看，2018年投入制造业的对日直接投资比2017年增加了32.0%，达到132亿美元。但是，在非制造业，例如批发零售、通信、建设等方面的对日直接投资为-234亿美元。在所有行业中，投资额最大的是电器设备（74亿美元），其次是运输设备（28亿美元）、化学医药（15亿美元）。从主要地区来看，虽然自2000年以来，来自亚洲地区的投资呈增长趋势，但2018年投资额却比2017年减少了10.8%，其中主要原因是来自中国大陆、新加坡、中国台湾的投资增长率逐渐减缓。来自韩国的投资增幅最大，比2017年增加了71.9%，达到了19亿美元。来自欧洲的投资为72亿美元，比上年增加了32.0%。来自北美的投资为60亿美元，比上年减少3.5%。

2.6　日本与东北亚五国国际贸易

东北亚五国中，中韩仍为日本的主要贸易伙伴。日本与俄罗斯加强贸易往来。日本对蒙古国的出口增长虽然迅速，但是贸易基数太小。日本与朝鲜仍没有建交，因此无直接贸易往来。

日本对中国的贸易总额增长7.09%，比2017年降低2.82个百分点。对中国的出口总额增长9.00%，比2017年降低7.98个百分点。出口产品第一大类增长10.39%，比2017年降低9.27个百分点；出口产品第二大类增长18.59%，比2017年降低2.00个百分点。对中国的进口总额增长5.60%，比2017年提高0.62个百分点。进口产品第一大类增长4.86%，比2017年降低0.96个百分点；进口产品第二大类增长2.09%，比2017年提高2.66个百分点。贸易逆差增长6.19%，比2017年降低16.34个百分点。2018年日本对外贸易中的中国出口占比（据日本财务省贸易统计）达19.5%，比2017年扩大了0.5个百分点，而进口占23.2%，比2017年缩小了1.3个百分点，盈余持续扩大。造成盈余扩大的主要原因是机械类（HS分类第84类）、集成电路等电器（第85类）、车辆（第87类）牵引了出口，尤其是半导体、集成电路、平板显示器等制造用机器的增加引人注目。2018年日本对中国的出口额和进口额都在世界贸易中排行第一，中日贸易形成了紧密联系。

日本对韩国的贸易总额增长3.69%，比2017年降低12.35个百分点。对韩国的出口总额降低1.55%，比2017年降低18.85个百分点。出口产品第一大类降低11.92%，比2017年减少41.33个百分点；出口产品第二大类增长7.64%，比2017年减少1.97个百分点。对韩国的进口总额增长13.52%，比2017年降低0.25

个百分点。进口产品第一大类增长 4.86%，比 2017 年减少 5.24 个百分点；进口产品第二大类增长 15.61%，比 2017 年减少 9.19 个百分点。贸易逆差增长 18.78%，比 2017 年提高 40.39 个百分点。日本对韩国的贸易收支仍然保持结构性盈余。按商品类别来看，进出口的材料和零部件等生产资料都排在前列，钢铁板、半导体、精密化学原料、合成树脂、汽车零部件、塑料制品 6 个品种的进出口均进入前 10 位。从韩国进口的前 10 个品种来看，很多品种的进口额显著增加，价格上涨的影响导致石油产品进口增加了 70.8%，精密化学原料增加了 43.0%。另一方面，从对韩国出口的前 10 个品种来看，半导体制造装置和半导体连续 3 年占进口总额的约两成。对韩国出口的增加主要是由于韩国企业的半导体和有机 EL 面板生产能力增强。

日本对俄罗斯的贸易总额增长 15.26%，比 2017 年降低 5.85 个百分点。对俄罗斯的出口总额增长 21.82%，比 2017 年提高 4.81 个百分点。出口产品第一大类增长 23.63%，比 2017 年提高 9.90 个百分点；出口产品第二大类增长 19.95%，比 2017 年减少 11.97 个百分点。对俄罗斯的进口总额增长 12.48%，比 2017 年降低 10.47 个百分点。进口产品第一大类增长 12.07%，比 2017 年减少 9.21 个百分点；进口产品第二大类增长 3.14%，比 2017 年减少 35.60 个百分点。贸易顺差增长 5.60%，比 2017 年降低 22.14 个百分点。日本汽车在俄罗斯的生产规模扩大是汽车零部件出口迅速扩大的主因。推土机和挖掘机等建设用矿山用机械、装卸机械等一般机械的出口保持良好增长势头。由于资源价格的上升，日本从俄罗斯进口增加。原油、粗油、液化天然气（LNG）等主要进口品的进口额比 2017 年增长 5.6%。俄罗斯加强了远东地区对日贸易联系。2018 年日本对远东地区出口额为

61.2 亿美元，比 2017 年增加了 27.0%；进口额为 4.9 亿美元，比 2017 年减少了 15.2%。在远东地区对日出口方面，天然气（包括相关产品）占 48.1%，原油及石油产品占 33.2%。远东地区从日进口汽车及零部件占有率为 25.2%，轿车占 12.4%。远东地区与日本的贸易合作正在加强。

日本对蒙古国的贸易总额增长 39.42%，比 2017 年提高 6.35 个百分点。对蒙古国的出口总额增长 44.49%，比 2017 年提高 16.42 个百分点。出口产品第一大类增长 41.63%，比 2017 年提高 13.93 个百分点；出口产品第二大类增长 55.87%，比 2017 年提高 16.82 个百分点。对蒙古国的进口总额降低 10.63%，比 2017 年降低 127.33 个百分点。进口产品第一大类降低 48.34%，比 2017 年减少 301.26 个百分点；进口产品第二大类增长 39.29%，比 2017 年减少 113.30 个百分点。贸易顺差增长 50.70%，比 2017 年提高 28.28 个百分点。日本与蒙古国的贸易金额总量不大，日本从蒙古国进口的主要项目包括服装、纤维制品、有色金属矿（铜矿）、金属制品等初级产品，日本出口到蒙古国的主要项目包括出口运输机器（汽车、船舶类）、一般机械、橡胶制品等与生活、生产密切相关的产品。2018 年，日本对蒙古国贸易表现出较为明显的盈余（536 亿日元）。

2.7 日本与东北亚四国国际投资

日本对中国的投资增长 3.22%，比 2017 年降低 10.93 个百分点（其中：直接投资增长 3.99%，间接投资降低 0.76%）。中国对日本的投资降低 2.04%，比 2017 年提高 2.28 个百分点（其中：直接投资增长 36.20%，间接投资降低 2.73%）。近年来，在中国政府推进第三产业结构转换等背景下，日本对华投资的服务业比例不断增加。与此同时，制造业构成比例再次上升。从不同行业的细目来看，由于从 2019 年开始，中国轿车制造厂按规定必须生产一定比例的新能源汽车，与汽车有关的中国投资额增加了 37.9%。同时，化学和医药领域投资额增加了 58.0%。在中国制造和消费提速的进程中，中国重视进一步开拓内销市场，提供高品质的产品，给日本提供了更广阔的投资市场。

日本对韩国的投资降低 4.47%，比 2017 年降低 18.62 个百分点（其中：直接投资增长 5.63%，间接投资降低 18.51%）。韩国对日本的投资降低 7.08%，比 2017 年降低 30.66 个百分点（其中：直接投资增长 31.54%，间接投资降低 12.74%）。日本对韩国直接投资在 2012 年达到顶峰后，投资有减少倾向。日本在半导体、车载用电池、有机 EL 面板等领域，以韩国企业的零部件、素材等相关领域的需求为目标持续投资。另外，以韩国消费市场为目标的新设、增设生产据点也受到关注。韩国对日本直接投资连续 2 年创历史最高。其中，对不动产业的投资同比增长 47.3%，占 2018 年对日投资总数的四成，牵引了韩国对日本直接投资。

日本对俄罗斯的投资增长 19.88%，比 2017 年提高 5.57 个百分点（其中：直接投资降低 3.17%，间接投资增长 50.77%）。俄罗斯对日本的投资增长 8.49%，比 2017 年提高 0.84 个百分点（其中：直接投资增长 5.74%，间接投资增长 35.34%）。2018 年日元对卢布汇率下降，导致日本对俄罗斯直接投资余额减少。从不同行业来看，制造业方面，运输机械器具领域增加，橡胶和皮革领域减少。另一方面，非制造业的批发零售业、金融保险业持续良好。2018 年俄罗斯对日直接投资额比上年减少 51.0%。俄罗斯企业对日投资正在缓慢增加。自 2016 年安倍首相对普京总统提出"八项合作计划"以来，日俄之间继续致力于促进经济交流。医疗领域、能源领域、交流领域和数字经济领域受到双方的重点关注。

据蒙古国银行统计，截至 2018 年 12 月，日本直接投资蒙古国金额达到 7.5 亿美元。[①]

---

① 资料来源：日本贸易振兴机构。

3 日本经济发展评价

3.1 对日本经济形势的评价

3.1.1 国内官方的评价

日本内阁府 2018 年 12 月判定，本轮经济复苏以 2012 年 12 月为起点，到 2017 年 9 月，累计达 58 个月。内阁府分析认为，本轮经济复苏部分得益于日本中央银行实施大规模货币宽松政策，推动了日元贬值和股市升值。日本企业在 2018 年加大对固定资产的投资力度，成为拉动经济复苏的动力之一。此外，东京被选定为 2020 年夏季奥运会和残奥会的举办地，赛场和住宿设施等建设促进了内需，改善了企业收益。同时，从外部环境来看，世界经济正从国际金融危机后的萧条中复苏，促进了日本出口的增长。

内阁府 2019 年 1 月 28 日作出的内阁决定认为，2018 年日本经济正在温和复苏。尽管出口几乎持平，但在创纪录的企业利润支持下，企业投资正在增加，私人消费也在改善，反映出就业和收入状况的改善。因此，经济的良性循环正在实现。然而，由于 2018 年夏季的自然灾害，经济发展暂时受到抑制，主要是由于私人消费和出口疲软。政府正在快速稳步落实 2018 财年第一笔补充预算，全面推进一系列灾区恢复重建。此外，政府还通过了 2018 财年第二笔补充预算，以适当应对额外的财政需求。经济将继续复苏，就业和收入情况在各种政策措施的影响下将继续改善。

政府坚持"不振兴经济，就没有财政整顿"的基本方针，既要实现 600 万亿日元的经济规模，又要实现财政整顿的目标。政府把人力资源开发革命放在首位，把提高人力资源质量和供给体系创新作为增长战略的支柱之一，作为供给侧之一的改革措施，提高潜在增长率，走可持续增长之路。通过实施各项促进措施，例如区域重振、提升国家能力、促进女性和残障人士就业、改革政府工作作风、吸纳海外人力资源等，政府得以实现经济的良性循环。政府将在 2019 年和 2020 年初步预算中采取临时和专项措施，全力确保经济持续复苏，缓解 2019 年 10 月 1 日消费税上调的负面影响，包括采取措施消除需求波动等。在财政整顿方面，政府的目标是到 2025 财年实现中央和地方政府的基本盈余，同时稳步降低公共债务占 GDP 的比重。

日本银行认为，日本经济很可能会继续增长直至 2020 年，主要是因为在高度宽松的金融环境和政府支出的支撑下，尽管受到企业固定资产投资周期性放缓和消费税计划的影响，世界经济减速对日本经济也造成了一定的影响，但是总体来说，日本海外经济持续稳步增长，全球制造业在整体上仍保持改善倾向。

3.1.2　国内学者的评价

日本经济研究所 2019 年 2 月发布研究报告，认为 2018 年日本经济有进有退，还无法最终确定是否仍处在景气扩张期，在修正了几次经济数据后，日本经济 2018 年甚至存在被判定"经济衰退"的可能。

日本政策投资银行发布的《全国设备投资计划调查》认为，2018 年（截至 2019 年 3 月）日本大企业国内设备计划投资额比

2017 年增加 21.6%，为 1980 年以来最高增幅，连续第 7 年实现增长；同时，运输、电气、化工业设备投资强劲，企业设备投资环比增长 1.3%，实现连续 7 个季度增长。虽然日本国内企业生产活动增长呈现疲软态势，但企业设备投资增加，将会推动经济实现扩张。

3.1.3 国际机构的评价

IMF 认为，在全球贸易风险不确定的前提下，日本经济面临的外部风险增加。此外，美国贸易保护政策的负面影响将致使未来日本经济增长的不确定性大幅增加，在很大程度上造成大型制造业企业信心指数出现恶化等现象。但是，日本经济的增长仍超过了预期的潜力①。

在 2018 年初短暂的疲软之后，日本国内需求在 2018 年第二季度恢复。由于外部需求预计将保持支撑，尽管发生了自然灾害，2018 年实际 GDP 增速仍高于 1.1% 的趋势水平。2018 年由于能源价格上涨，整体和核心通货膨胀势头强劲，但仍远低于日本中央银行 2% 的通货膨胀目标。2017 年，国际收支向好，经常账户盈余略有增加，但由于商品贸易和收支平衡项减少，到 2018 年底，经常账户盈余略有收缩。2018 年前 9 个月，实际有效汇率相较于 2017 年底略有上升。

尽管日本计划在 2019 年 10 月提高消费税，但潜在增长预计将保持稳定。然而，如果没有减轻财政压力的措施，消费税的提高可能会导致私人消费和投资的波动。与此同时，货币政策将继续保持

---

① IMF. JAPAN：2018 ARTICLE Ⅳ CONSULTATION ［R/OL］. （2018 - 11 - 21）［2018 - 11 - 21］. https：//www. imf. org/en/Publications/CR/Issues/2018/11/27/Japan - 2018 - Article - IV - Consultation - Press - Release - Staff - Report - and - Statement - by - the - Executive - 46394.

宽松，支持有利的金融环境。从中期来看，预计增长将会放缓，产出缺口将会缩小。在 2020 年消费税引发的通货膨胀飙升之后，中期通货膨胀将会上升，但可能仍低于日本中央银行 2% 的目标。

OECD 对日本在短期内继续保持高于潜在增长率的前景表示看好，但是同时指出通货膨胀仍低于目标，下行风险已经存在，尤其是即将到来的消费税上调和全球经济恶化风险。此外，日本不断加剧的人口负增长趋势继续带来更大的挑战①。因此，有必要重振"安倍经济学"政策，以实现可持续发展，增强高增长、持久的通货再膨胀和公共债务的可持续性；保持中立的财政立场，支持短期增长和通货再膨胀，减轻消费税税率上升带来的负面影响，制定一个明确的财政框架，减少政策的不确定性，在应对人口问题给财政带来的压力和挑战的同时实现财政可持续；以劳动力市场改革为重点，增加来自女性、老年人和外籍工人的劳动力供应；减少性别工资差距，增加托儿和护理设施的可用性；进一步放松对产品和服务市场的管制，为企业的进入和退出提供更加便利的条件，促进中小企业的发展，深化企业治理改革；货币政策应继续保持宽松，并延续一段时间，这段时期要成功地使经济再膨胀，同时仔细监测和减轻副作用。

3.1.4 本报告对日本经济形势的评价

2018 年日本经济增长在年初的意外下挫之后初步呈现企稳回升的迹象，但无论是从国内来看还是从国际来看，均面临喜忧参半的形势，增长压力不容忽视。总体而言，日本经济在未来短期

---

① OECD. OECD Economic Surveys：Japan ［R/OL］. （2019 – 04 – 15）［2019 – 04 – 15］. https：//read. oecd – ilibrary. org/economics/oecd – economic – surveys – japan – 2019 _ fd63f374 – en#page1.

内将呈现小幅回升并保持中低速增长的走势。

未来几十年，日本人口的迅速老龄化和萎缩将主导经济政策的制定，推动人们重新审视"安倍经济学"的目标和工具。安倍经济学已实施 6 年，取得了一些重要成果，但要实现持续的高增长和持久的通货再膨胀，同时应对债务可持续性和全球经济格局的转变，需要加大政策力度。

总体来说，尽管消费税计划上调，但潜在增长预计仍将保持稳定，中期增长将更接近潜在增长。根据目前的政策，通货膨胀率很可能会接近但仍低于日本中央银行 2% 的目标。与全球前景一致，风险已转向下行。日本的宏观金融脆弱性、财政整顿需求及有限的货币政策空间，使其经济更容易受到不利冲击，特别是从中长期来看，随着人口问题日益严峻，更是如此。

具体来说，日本经济形势可以从以下几个方面评价。

3.1.4.1　市场环境

经济增长高于潜在水平，但通货膨胀仍处于低位。在 2018 年初短暂的疲软之后，国内需求在第二季度恢复。尽管消费税预计将按计划上调，但潜在增长预计仍将保持稳定。由于外部需求预计将保持支撑的趋势，尽管发生了自然灾害，2018 年实际 GDP 增速仍高于潜在增速。如果对增税的负面作用没有采取有效的缓解措施，消费税的提高很可能会导致私人消费和投资的波动。增税的影响预计将持续到 2019 年之后，并对 2020 年的国内需求和总体增长产生负面影响。从中期来看，预计增长将会放缓，产出缺口将会缩小。虽然目前核心通货膨胀因能源价格上涨而有所上升，但仍远低于日本中央银行 2% 的目标；从中长期来看，在 2020 年消费税引发的通货膨胀飙升之后，中期通货膨胀将上升，但可能仍低于目标。

3.1.4.2 金融市场

金融状况略有收紧，但仍保持宽松。国内信贷增长放缓，超长期债券收益率上升，美元融资成本大幅上升。全球不确定性加剧，导致日元小幅升值，股市趋向疲软。然而，地区银行对小企业的贷款继续快速增长，通过投资信托进行的间接海外投资仍然强劲。此外，保险公司和养老基金从美国国债倾向于转向风险更高、收益率更高的美国证券。

3.1.4.3 公共财政

财政整顿计划推迟，结构性改革进展缓慢。

财政政策方面，2018 年 6 月，日本当局宣布"推进经济和财政振兴的新计划"。该计划将主要盈余目标年度从 2020 年推迟至更现实的 2025 年，但因为该计划依赖相对乐观的增长假设，所以在强化财政框架方面的进展十分有限。

虽然该计划在 2020 年之前会对社会保障体系进行评估，但目前的框架缺乏解决社会保障支出持续增长难题的长期计划，无法确保财政债务的可持续性。政府虽然一再重申 2019 年 10 月将消费税上调 2 个百分点的承诺，这将迅速带来解决财政债务问题的收入，但相关的缓解消费税上调副作用的措施尚未完全出台。

结构政策方面，2018 年 6 月，国会通过了劳动力市场立法。从好的方面来看，劳动力供给取得了新进展，使妇女和老年劳动力参与率呈上升趋势，外籍劳动力增多。然而，在过去的一年里，进一步消除税收和社会保障制度对正常就业的阻碍并没有在政策中得以体现和考虑，放松管制方面的进展仍然缓慢。

相比之下，公司治理准则的修订和指导方针在 2018 年 10 月才基本完成。随着《欧盟—日本贸易协定》和《跨太平洋伙伴关系全面进步协定》的签署，贸易改革也加快了步伐。

3.1.4.4　货币政策与金融政策

货币政策框架更具可持续性，金融监管框架更具前瞻性。

货币政策方面，面对人们日益加剧的对长期货币宽松政策副作用的担忧，日本中央银行 2018 年 7 月决定扩大 10 年期国债收益率的区间，实际上是允许收益率上行。日本中央银行还宣布，未来购买交易所交易基金（ETF）将取决于市场状况。日本中央银行明确承诺，将在较长一段时间内保持短期和长期政策利率在低位，以应对人们对政策变化的反复猜测。

金融政策方面，日本金融厅（JFSA）正朝着一个新的前瞻性和动态监管框架迈进。考虑到人口结构和低盈利能力方面的挑战，日本金融厅还在评估地区性银行业务模式的可持续性。

3.1.4.5　日本宏观经济正以均衡的方式适度扩张，但通货膨胀形势依然疲弱

日本政府强调，经济增长既受到国内需求的支撑，也受到外部需求的支撑。即使考虑到 2018 年发生的自然灾害，国内需求、外部需求对企业利润和固定业务投资也是有利的。然而，尽管劳动力市场稳步改善，产出缺口为正，但通货膨胀一直低迷。这在一定程度上反映了企业倾向于投资节省劳动力的技术，而不是提高价格和工资。

日本政府对此强调，新的财政计划是朝着使财政稳固的路径迈出的更加现实的一步，结构性改革正取得进展；货币政策框架的调整并不会造成政策立场的改变，而是提高了该框架的可持续性；另外，修订后的金融监管框架中，对日本金融厅进行的组织改革，应有助于将宏观视角纳入监管。

3.1.4.6　经济下行风险有所增加

与全球前景一致，日本的宏观经济运行风险同样转向下

行。日本的宏观金融脆弱性、财政整顿的需要和有限的货币政策空间使日本的宏观经济更容易受到不利冲击，潜在风险仍然存在。

一是短期风险。由于 2019 年计划提高消费税，私人消费和投资的波动性超过预期，这可能会削弱 2018 年的增长势头。全球经济增长疲软，贸易或地缘政治紧张，加剧了各种不确定性，可能会破坏经济增长，引发日元升值和股市震荡，并重新引发通货紧缩风险。此外，全球金融环境无序收紧可能会增加宏观金融风险，金融机构对股价大幅下跌或日本国债收益率飙升尤其敏感。外汇融资成本上升可能会增加一些国际业务银行的外汇融资流动性风险，加之美国收益率曲线趋平，进一步挤压银行盈利空间，有可能会导致银行过度冒险。

二是中期风险。在其他发达经济体收紧货币政策之际，日本若继续实行货币宽松政策，可能会鼓励金融机构（尤其是地区性金融机构）过度冒险。如果地区性银行和寿险公司不能使业务模式适应低利率环境和不利的人口结构，它们的生存能力可能会在中长期受到威胁。对财政可持续性的担忧以及相关的债券市场压力，可能会对金融体系和实体经济产生不利的影响。

3.1.4.7 尽管存在以上风险，我们对日本宏观金融形势和政策空间仍持乐观态度

尽管全球不确定性可能对短期增长前景构成压力，但日本经济将继续温和扩张的态势，这将是主要发展趋势。从中长期来看，由于企业固定资产投资的适度放缓，以及奥运相关需求的释放和见顶，中期增长速度可能会变缓。

由于企业和家庭都对工资和物价上涨保持谨慎态度，通货再膨胀过程需要时间，但在宽松货币政策的背景下，通货膨胀压力

还是在缓慢累积的。

另外，2019 年消费税的增加可能会导致经济波动，但更重要的是日本政府需要通过更有效的措施来控制其对经济的影响。

3.2　日本经济政策评价

2018 年 9 月，安倍再次当选执政的自民党首相。这为安倍首相 2021 年任期扫清了道路，这也将使他成为日本任职时间最长的首相。安倍的连任保障了"安倍经济学"的延续。

3.2.1　人口问题

随着人口负增长的趋势加剧，日本的宏观经济挑战将会加剧。2012—2017 年，日本人口减少了约 100 万人。官方预测，未来 40 年，日本人口将迅速老龄化，并萎缩 25% 以上；并且，日本的生育率很低，按每名妇女生育 1.4 个子女计算，生育率不仅低于经合组织成员 1.7 个子女的平均水平，而且大大低于维持人口稳定所需的 2.1 个子女的生育率。与此同时，1995—2016 年，女性首次生育的平均年龄从 27.5 岁大幅上升至 30.7 岁。由于人口老龄化和低出生率，日本的老年抚养比率（每 100 个工作年龄的退休人口与工作年龄人口之比）在经合组织中是最高的：略低于 50%，预计到 2060 年将升至 80%。人口少子老龄化问题突出且严峻。

劳动力的萎缩和老龄化，以及消费的转变将抑制经济增长和生产力，而随着与之相关的政府支出的增加和税基的萎缩，财政方面的挑战将会加剧。此外，劳动力市场的僵化限制了生产率的增长，削弱了财政政策的可持续性。

2018 年已经是"安倍经济学"实施的第六年，从好的方面来看，财政状况得到了缓解，财政赤字得以减少，就业率和女性劳动力参与率也得到了提高。然而，通货膨胀率仍然远低于日本中央银行2%的目标，财政政策也还没有能够实现公共债务的可持续性。所以，尽管"安倍经济学"关于结构性改革的"第三支箭"已经取得了一些进展，但总体上还不够理想，劳动力和产品市场及企业部门仍然存在瓶颈。

总体来说，"安倍经济学"的战略仍是适当的，但若要充分发挥"安倍经济学"的作用，就需要这三支箭得到加强、相互支持。

3.2.2 财政政策的短期支持和长期可持续性

短期财政和收入政策应支持日本中央银行的通货再膨胀措施和结构性改革的实施。虽然日本政府对2019年和2020年经济增长持乐观态度，但并没有出台抵消2019年10月消费税上调的负面影响所需的缓解措施；而缺乏具体的收入和支出措施，就无法增强人们对政府新财政计划的信心。在融资风险有限和借贷成本较低的前提下，日本政府在短期内仍有一定的财政操作空间。然而，这取决于是否能够实施可信的中期财政整顿计划，以稳定政府债务走势。日本的人口结构，加上开支巨大的社会保障体系，将进一步增加与人口老龄化相关的成本。这将限制中长期财政空间。

结构性改革对于应对日本人口负增长至关重要。老龄化和人口减少将抑制生产力的增长，带来实际GDP的萎缩。疲软的增长和通货膨胀前景，以及与老年人口相关的社保支出上升，构成了严重的财政挑战。此外，劳动力市场的结构性僵化抑制了生产率的增长，阻碍了需求刺激对实际工资和价格的传导。要实现更快的短期和长期增长、更高的通货膨胀和稳定的政府债务，一个可信和协调良好的改革方案至关重要。

结构性改革能提高生产率、增加劳动力供给和投资，同时增强改革的可信度将支持通货再膨胀。然而，虽然政府适当地确定了改革的领域，但仍然存在差距，执行工作进展较缓慢。

3.2.2.1 顶层改革：提高生产率和增加劳动力供给的劳动力市场改革

2018 年 6 月，日本国会通过了工作方式改革立法，但如果没有配套措施，未来效果可能十分有限。立法内容包括：为非正规工人提供培训和就业机会，包括通过合同改革，提高他们的生产率和实际工资，以职位说明和更有力的报告框架补充"同工同酬"立法，提高其效力；增加劳动力供给，使妇女、老年工人和外国工人更多地参与劳动，可能在一定程度上抵消日本的人口少子老龄化结构问题；消除税收和社会保障制度对全职和正常工作的抑制，增加托儿和护理设施的可用性，缩小性别工资差距，帮助增加女性劳动力供应；减少过度加班，鼓励提高生产率的管理实践，以及废除企业设定强制性退休年龄的权利。这些都有助于进一步提高生产率和劳动力参与率。

3.2.2.2 二级改革：推行产品市场和企业改革，以提高生产率和投资

帮助难以为继的中小企业退出，以及潜力更大的企业进入，这有助于提高劳动生产率；扩大信用担保体系的覆盖面，激励中小企业发展融资替代来源，支持中小企业研发投资，支持高增长潜力企业业务的可持续发展；继续放松管制，包括降低进入壁垒、取消对某些行业（如电信）现有企业的保护，放松对专业服务的管制；等等。

3.2.2.3 第三级改革：促进贸易自由化和外商直接投资，以加强投资、推动经济增长

2018 年日本政府在推进日欧贸易方面取得了良好进展，包括各项协议、全面与进步跨太平洋伙伴关系协定（CPTPP）。它还宣布了与美国合作、进行谈判的意向。在进一步消除关税和非关税壁垒的背景下，高标准的多边贸易协定将促进日本的投资和增长。

3.2.3 长期的货币政策

货币政策继续保持宽松趋势，同时注重政策的可持续性。回顾通货膨胀预期、结构性僵化和不利因素，人口趋势正在堵塞货币传导机制，降低货币刺激的有效性。鉴于自"安倍经济学"推出以来，货币政策产生通货膨胀压力的进展有限，日本中央银行必须在较长时期内保持宽松的立场。

要进一步加强市场沟通，强化货币政策框架。虽然日本中央银行承诺在较长时期内维持低利率，有助于消除市场对经济正常化早于预期的猜测，但进一步改善沟通框架，对于提高政策的可预测性和为实现通货膨胀目标争取公众支持是必不可少的。为了强化政策框架，并帮助提高通货膨胀预期，日本中央银行应考虑通过发布基线预测和基本政策假设，向全面的通货膨胀目标迈进。这应该有助于减少市场预期与日本中央银行政策意图之间的差异，通过增强公众对货币政策的理解，以及降低日本中央银行对通货膨胀预测过于乐观的可能性，实现日本中央银行的通货膨胀目标。

3.2.4 金融政策

自 2018 年初以来，日本国债市场交易量大幅下降，引发了人

们对市场功能的担忧。7 月，10 年期日本国债收益率区间的上调，可能会有助于改善市场状况。

日本金融业仍保持稳定，但低利率和人口结构方面的不利因素正在削弱盈利能力，并鼓励冒险。整个银行业仍然资本充足，流动性良好。尽管如此，一些金融机构承担的风险已经超过了它们的资本水平。股票价格大幅下跌，以及日本国债收益率大幅上升所带来的市场风险，可能会导致大型银行和寿险公司出现巨额亏损，而对偿付能力的担忧，以及人口结构挑战和低利率导致的更高风险，对地区性银行的影响则更为严重。特别是近年来，在小企业贷款增长强劲的背景下，信贷风险显著增加，已超过国际金融危机期间的水平。与此同时，房地产贷款占 GDP 的比例达到了历史新高。2018 年日本中央银行进行的压力测试表明，低利润率对资本水平具有不良影响，并且增加对财务状况脆弱企业的贷款存在风险。

日本金融厅强调了对金融风险进行密切监控的重要性，并称在实施 2017 年金融稳定框架建议方面取得了重大进展。日本金融厅正在调查地区性银行是否有足够的风险管理能力来应对新出现的风险，但目前还没有看到过度的风险。

在保险监管方面，日本金融厅计划将基于经济价值的偿付能力评估理念纳入监管，同时努力引入基于经济价值的偿付能力监管，以配合国际保险监督官协会①制定的保险资本标准。

3.2.5 贸易和投资政策

日本已经和美国、欧盟以及东盟形成了紧密的贸易伙伴与投

---

① 国际保险监督官协会（International Association of Insurance Supervisors，IAIS），又称国际保险监管者协会，是保险业监管的重要国际组织，成立于 1994 年，现有成员包括 180 个国家的保险监管组织。

资关系，因此积极通过谈判解决各方的贸易争端并在此基础上构建新型合作伙伴关系，是日本目前重要贸易和投资政策的着力点。

特朗普总统上台以后，美国不但与中国发生了经贸摩擦，也与包括日本在内的盟国之间展开新的经贸谈判。日美经贸方面的摩擦，主要是汽车和农产品问题，即日本汽车输美和美国农产品输日的问题，当然可能还会有日元汇率问题和其他一些有关服务贸易的问题。日美贸易协议于 2019 年 10 月 7 日在华盛顿正式签署，12 月 4 日获得日本国会批准，2020 年 1 月 1 日正式生效。至此，日本从美国进口的牛肉等食品价格有望下降，但日本农户将因低价美国产品的流入而面临更加严酷的市场竞争。

日本是欧盟在亚洲的第二大贸易伙伴，位列中国之后。2017年 12 月欧盟与日本最终敲定自由贸易协议，这一协议将涵盖全球经济的 30% 和 6 亿人的市场，是目前世界上最大的双边贸易协议，几乎取消了双方所有关税。欧盟和日本还在保护保障的基础上允许欧盟和日本之间的个人数据自由流动。

日本认为，"东盟作为区域合作中心的更紧密一体化对于日本、东盟和整个东亚的稳定与繁荣至关重要，因此我们完全支持东盟加强其连通性的努力"。目前，有 15 个成员国已经结束全部章节的文本谈判，准备签署协议。

中日韩自由贸易协定（FTA）谈判已开展 16 轮。中日韩 FTA 的谈判重点将聚焦于如何在货物贸易、服务贸易、投资自由化水平和规则标准等领域实现更高水平的开放。

3.3　日本与东北亚各国经济合作的评价

近几年，伴随着亚洲不断提高的经济增速，日本对与亚洲国家的合作也更加关注。安倍晋三首相在亚太经济合作组织（APEC）峰会上传递出与东北亚各国合作的积极信号，表明其对东北亚国家经贸往来重视程度的加强。

3.3.1 中日韩自贸区

中国、日本和韩国是东北亚三个最重要的国家。中日韩自由贸易协定谈判也已开展 16 轮。中日韩企业经济互补性强，合作内容非常丰富。三国都面临老龄化程度较高、消费需要升级的局面，以此为基础的医疗市场具有广阔的合作前景。同时，三国在货物贸易、服务贸易等领域已经开展了很多的合作，因此，如何加强投资的自由化水平、如何制定更适宜合作的规则和标准将是自由贸易协定谈判的核心关注点。

3.3.2 劳务合作

由于人口严重老龄化，近 10 年，日本的失业率和非自愿兼职份额持续下降，日本劳动力参与率持续迅速上升，但是工资增长率和单位工资增长却缓慢增长（见图 3 - 1）。

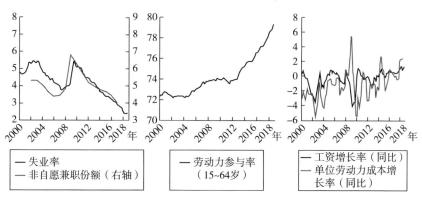

图 3 - 1 日本失业率、劳动力参与率、工资增长率

（资料来源：IMF2019 年 4 月发布的《世界经济展望》）

在这种情况下，日本积极吸引有一定技能和懂日语的外国劳动者进入日本工作。日本政府在 2018 年 6 月决定的成长战略（"未来投资战略2018"）中将外国人才作为"政策课题和对策目标"，"积极接受具有高度知识和技能的外国人才"，扩大"优秀的外国留学生在国内就职"。基于高人才积分制的在留人数稳步持续增加，除上述措施外，"创业人才""家务支援人才""农活人才"也出于日本的战略需要，积极引入。这些需求为东北亚国家的劳务合作提供了更多的可能性。

3.3.3　投资与金融合作

日本与中国的金融合作体现为两国政策性金融的互动、两国货币的直接交易和互换。目前中日、中日韩、东盟与中日韩之间已经建立了较为完善的合作机制。中日高层之间的对话也经常展开。但是，囿于经济发展水平和投资需求的差异性，日本与蒙古国、俄罗斯之间的投资和金融合作还处于比较浅的层面。

3.3.4　能源合作

尽管在能源效率和技术方面处于领先地位，但日本的地理位置和构成使其难以满足国家巨大的能源需求，尤其是在化石燃料方面。日本是全球最大的液化天然气消费国、第二大煤炭进口国和第三大石油购买国（EIA，2014），其80%以上的能源使用来自进口。

自2011年3月日本发生9.0级地震、海啸和核灾难以来，日本的能源需求发生了重大变化。俄远东地区日俄关系的能源层面发展较快。世界顶级液化天然气（LNG）进口国日本和主要能源出口国俄罗斯的能源市场一体化，与更暖的双边政治气候平行，并随着俄罗斯"转向东方"而加速。

虽然日俄能源关系在短时间内取得了长足进展，但中东国家，尤其是卡塔尔和沙特阿拉伯仍持有日本电力的重要份额，对日俄能源的使用寿命和范围提出了挑战。另外，日本的安全和外交政策在战略上与美日同盟紧密相连，因此日俄能源合作关系受到美国的影响。同时，俄罗斯东部大陆的投资环境不利，只有小型油田的剩余油，其经济吸引力较小，也给双方进一步的能源合作带来了影响。

3.3.5 交通与物流合作

中日韩海运产业合作是"中日韩＋"模式的具体体现之一。中日韩已经建立了基本的合作促进机制，成立了联合工作组，确立了运输与物流合作目标，提出了交流信息和加强港口合作等行动计划。东北亚物流信息服务网络也已经建立起来。中日韩三国已经制定了集装箱船舶动态信息共享标准和集装箱状态信息共享标准，并积极开展示范项目。

俄罗斯远东与日本之间的直达航线严重不足。日本部分地区为了解决这个问题，准备开设更多的海上航线。

3.3.6 科技合作

日本创新能力较强，其在航天飞机、生物医药、制造业、核能、钢铁、精密仪器制造和机器人等领域达到世界先进水平，其产业技术也表现出水平高、产品技术附加值高、能耗低的特点，是世界第三大经济体和制造业强国。

日本的国际科技合作战略主要是"以我为主，对外有针对性合作"。日本科技合作以"走出去"战略为主，并通过建立科技门户计划、科技创新区联合研究计划等加强与各国的科技合作和人才交流。

中国正处于产业、技术转型和升级的关键时期，日本企业在技术、人才和管理等方面具有优势，两国可在高端制造、旅游和节能环保等领域加强合作，具有广阔的合作空间。

4 日本经济发展展望

4.1 日本总体经济发展趋势展望

4.1.1 GDP

4.1.1.1 日本官方的预测

内阁府 2019 年 1 月 28 日作出的内阁决定认为，2018 年实际 GDP 预计增长 0.9% 左右，名义 GDP 预计增长 0.9% 左右；2019 年，实际 GDP 预计增长 1.3% 左右，名义 GDP 预计增长 2.4% 左右（见图 4-1）。

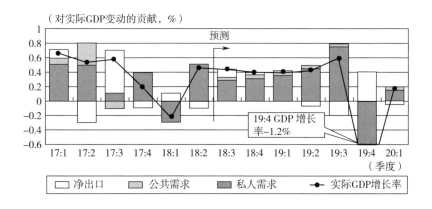

图 4-1 日本官方对季度实际 GDP 的预测

日本中央银行 2019 年 7 月发布的《经济和物价形势展望》将 2019 年日本经济增速由 2019 年 4 月预计的 0.8% 下调为

0.7%，2020 年的经济增长预期从此前的 1% 下调至 0.9%。该报告还预计，2021 年实际 GDP 增长率为 1.2%。这反映出日本经济增长仍面临不少挑战。日本计划于 2019 年 10 月上调消费税税率，而该报告认为 2019 年预算案中的经济刺激措施等也将产生效果，就业和收入环境持续改善，预计迎来以内需为中心的经济回暖。

日本经济研究中心认为，日本面对的是不确定性下的经济扩张，虽然对增长率的预测没有变化，但经济下滑的风险有所加大。

在全球经济稳步增长的推动下，日本企业部门将保持良好状态。虽然增速放缓，但预计出口和生产仍可保持温和增长。境外资本投资和汽车销售强劲，相关出口持续增长。尽管智能手机需求趋于平稳，但在数据中心和汽车半导体需求的支撑下，预计信息技术相关产品的出口也将继续增长。

公司的资本投资预计将会增加。日本中央银行 2019 年 6 月短观调查预测，资本投资计划（不包括土地投资，但包括软件、各种规模的公司和行业）将强劲增长。在 6 月调查时，资本投资出现了自 2004 年以来最大幅度的增长。预计投资增长将增强新技术的能力，如下一代汽车和物联网，以及东京奥运会前的建筑投资。不过，随着过去经济政策的影响逐渐消退，公共部门的需求将会减弱。

与美国货币政策相关的风险也在上升。美国 2018 年的通货膨胀率已达到 2%，市场参与者预计政策利率将以更快的速度上升。尤其是美国利率上升正导致资本从新兴市场流出，新兴市场的货币和股价下行压力增加。国际收支状况脆弱的新兴国家，如阿根廷和土耳其，货币和股价已经大幅下跌。这种风险蔓延到全球市场，就成为一个共同的担忧来源。欧洲的政治局势也令人关注。

英国脱离欧盟难以按计划进行。为了使英国的"退欧"进程顺利过渡到 2020 年底，英国需要与欧盟就各种问题达成协议，包括建立新的经济关系等。如果英国在没有达成此类协议的情况下脱离欧盟，贸易和金融交易可能会出现混乱。2018 年，意大利新政府推出了影响深远的财政政策，包括减税和保证最低收入。这引发了人们对其与欧盟发生冲突的担忧，因为欧盟对财政纪律的要求非常严格。如果这些国际市场风险持续下去，可能会通过贸易和金融市场影响日本；相反，如果这一点能够克服，战后最长时期的经济扩张就有可能实现。以社会保障和劳动力市场改革为重点的财政改革举措，包括改善正规和非正规就业体系，对于提高日本抵御海外风险的能力也很重要。

4.1.1.2 日本学者的预测

日本经济研究中心首席评论官 Shinichi Nishioka 和 Kohei Shintani（2018）预测，企业部门和海外需求推动的扩张趋势没有变化。[1] 对实际增长率的预测表明，经济将逐步增长，预计 2018 财年增长 1.2%，2019 财年增长 0.9%。然而，鉴于以个人消费为核心的国内需求低迷，日本经济的不稳定状况需要谨慎对待。此外，美国的贸易保护主义政策和新兴经济体货币的不确定性风险日益增加。

4.1.1.3 国际机构的预测

IMF 预测 2019 年日本经济增速或只有 1%[2]，世界银行认为

---

[1] Shinichi Nishioka, Kohei Shintani. Administered Prices in Japan ［R/OL］. （2018 – 10 – 13）［2018 – 11 – 01］. http：//www. boj. or. jp/en/research/wps _ rev/rev _ 2018/data/rev16e09. pdf.

[2] IMF. World Economic Outlook ［R/OL］. （2019 – 07 – 01）［2019 – 07 – 01］. https：// www. imf. org/en/Publications/WEO/Issues/2019/07/18/WEOupdateJuly2019.

可能是 1.1%[1]，而 OECD 则认为是 0.8%[2]。

按照 IMF 在 2019 年《世界经济展望》中的预测，2019 年日本 GDP 实际增速或将为 1%，比上年的 0.7% 增加 0.3 个百分点，并且 GDP 总量预计也将再次恢复到 5 万亿美元规模，预计约为 5.18 万亿美元。

人均 GDP 方面，按照 IMF 的预测，2019 年约为 4.102 万美元。从 20 世纪 90 年代中期以后，日本 GDP 总量总是在 5 万亿美元上下波动（个别年份突破 6 万亿美元），人均 GDP 也总是在 4 万美元上下波动。短期来看，日本经济还没有明显改善的迹象，未来数年或许还会经常出现这样的现象。

4.1.1.4 我们的预测

日本经济正在适度扩张。海外经济整体稳健增长，在这种情况下，出口一直呈上升趋势。国内需求方面，企业固定资产投资持续增长，企业利润保持较高水平，企业信心保持良好水平。在就业和收入状况稳步改善的背景下，私人消费虽然有波动，但一直保持适度增长。与此同时，住房投资持平；公共投资也基本持平，保持在较高水平。工业生产呈上升趋势，劳动力市场形势继续趋紧，反映了国内外需求的增长。金融环境高度宽松。

我们预计，日本海外经济整体将继续稳步增长，发达经济体和新兴经济体的需求都将保持强劲，尽管 2018 年以来的各种事态发展值得关注，比如美国和中国之间的贸易摩擦。在这种情况

---

① World Bank. Global Economic Prospects. [R/OL]. (2019 – 03 – 25) [2019 – 04 – 01]. https://www.worldbank.org/en/news/press – release/2019/06/04/global – growth – to – weaken – to – 26 – in – 2019 – substantial – risks – seen.

② OECD. Society at a glance 2019: Japan [R/OL]. (2019 – 07 – 01) [2019 – 07 – 01]. https://doi.org/10.1787/soc _ glance – 2019 – en.

下，预计日本出口将继续保持温和增长态势，日本经济很可能在2019—2020 年继续保持扩张趋势，很可能继续以与其潜在产出大致相同的速度增长。

日本的国内需求可能会呈现平缓的上升趋势。在高度宽松的背景下，企业固定资产投资会继续增长。到 2020 年，企业固定投资增速预计将逐步放缓，主要反映经济长期扩张后资本存量的周期性调整，以及奥运相关需求见顶。不过，固定资产投资可能会保持增长趋势，部分原因是出口增长支撑了对此类投资的需求。

对日本经济活动基本预期的上行和下行风险，主要考虑以下两个方面。

一是海外经济的发展。海外经济面临的这种下行风险近期可能会加剧，包括美国宏观经济政策及其对全球金融市场的影响、贸易保护主义行动的后果及其影响、新兴市场和商品出口经济的发展、英国退出欧盟的谈判及其影响、地缘政治风险等。

二是 2019 年 10 月计划实施的消费税上调的影响和风险。虽然这可以解决急需的财政收入问题，但如果不采取减轻负面影响的措施，届时 2018 年补充预算的影响将逐渐消退，而消费税上调将开始发挥作用，预计 2019 年和 2020 年的财政状况将分别因此而收缩 GDP 的 0.7% 和 0.6%。

4.1.2 物价

4.1.2.1 日本官方的预测

内阁府 2019 年 1 月 28 日作出的内阁决定认为，居民消费价格指数（全部项目）同比上涨，主要原因是上半年原油价格上涨。① 居民消费价格总水平（全部项目）预计增长 1.1% 左右，GDP 平减指数将继续上升，预计约增长 1.1%。从中长期来看，日本中央银行将根据经济活动和物价情况，实现 2% 的通货膨胀目标。

日本中央银行 2019 年 1 月 22 日、23 日召开货币政策会议。对全球经济前景的担忧导致原油价格下降，中央银行拟把 2019 年物价上涨预期从此前的 1.4% 下调至 1.0% 左右，2% 通货膨胀目标的实现将变得更加困难，预计将继续维持现行的大规模货币宽松政策。

日本中央银行 2019 年 7 月发布的《经济和物价形势展望》预计，2019 年核心消费者物价指数（剔除生鲜食品）增速由 2019 年 4 月预计的 1.1% 下调为 1.0%。居民消费价格指数（CPI，除新鲜食品外的所有项目）同比涨幅为正值，但与经济扩张和劳动力市场收紧相比，该指数继续呈现相对疲软的走势。② 主要原因在于：（1）企业对工资和物价一直持谨慎态度，即惯性地认为工资和物价不会轻易增加，这种预期已经根深蒂固，短期内难以改变；（2）企业不断提高生产率，并且近年来保持持续的技术进步。尽管解决这些推迟物价上涨的问题需要时间，但中长期通货膨胀预期没有变化。随着产出缺口保持正值，企业的立场将逐渐转向进一步提高工资和物价，家庭对物价上涨的容忍度也会提高。在这种情况下，可能会出现进一步的物价上涨，中长期

① Cabinet Office, Government of Japan. Fiscal 2019 Economic Outlook and Basic Stance for Economic and Fiscal Management [R/OL]. (2019-01-28) [2019-01-28]. https://www5.cao.go.jp/keizai1/mitoshi/mitoshi.html.

② Bank of Japan. Outlook for Economic Activity and Prices [R/OL]. (2019-01-23) [2019-01-23]. http://www.boj.or.jp/en/mopo/outlook/gor1901a.pdf.

通货膨胀预期预计也将随之逐步上升。因此，CPI 同比涨幅很可能会逐步接近 2%。

4.1.2.2　日本学者的预测

2019 年 7 月 2 日，日本中央银行调查显示①，日本企业预计消费者物价 5 年后同比增加 1.1%。

Shinichi Nishioka 和 Kohei Shintani（2018）在物价稳定目标的背景下，对经济和物价形势进行了评估，并对未来货币政策的实施进行了展望。②

CPI 同比涨幅可能会逐步接近 2%。尽管有必要仔细研究经济活动和价格面临的风险，但实现 2% 的物价稳定目标的势头似乎仍在保持。

在价格前景方面，风险倾向于下行，特别是中长期通货膨胀预期的发展。从长期角度审视金融市场，迄今为止没有迹象表明资产市场或金融机构的活动存在过度乐观的预期。然而，在低利率环境和金融机构间的竞争持续激烈的情况下，金融机构利润下行压力持续加大，可能会带来金融中介逐步收缩和金融体系不稳定的风险。虽然这些风险目前被判断为不显著，主要是因为金融机构有足够的资本基础，但有必要密切关注未来的发展。

在货币政策的实施方面，只要有稳定物价的需要，中央银行就继续实施"控制收益率曲线的量化宽松政策"，目标是实现 2% 的物价稳定目标，继续扩大货币基础，直至居民消费价格总水平（不含生鲜食品）同比涨幅超过 2%，稳定保持在预期目标以上。

---

① Bank of Japan. Outlook for Economic Activity and Prices [R/OL]. (2019 – 01 – 23) [2019 – 01 – 23]. http：//www. boj. or. jp/en/mopo/outlook/gor1901a. pdf.

② Shinichi Nishioka, Kohei Shintani. Administered Prices in Japan [R/OL]. (2018 – 10 – 13) [2018 – 11 – 01]. http：//www. boj. or. jp/en/research/wps _ rev/rev _ 2018/data/rev16e09. pdf.

在政策利率方面，考虑到经济活动和物价的不确定性，包括计划于 2019 年 10 月实施的消费税上调的影响，中央银行会在较长时期内维持当前极低的短期和长期利率水平。

4.1.2.3 国际机构的预测

IMF 认为，许多企业通过工作方式改革吸收了增加的成本，因此工资上涨不太可能普遍出现，物价上涨也很缓慢。[①] 日本目前国内需求疲软，利用财政和货币政策解决内需问题的空间很小。2018 年以来，来自海外的风险一直增加。如果这些风险持续下去，可能导致日本经济下滑。来自海外的风险之一是美国政府的国际贸易政策。如果美国对中国产品和汽车加征关税，可能会产生重大影响。如果提高汽车关税，日本、加拿大和墨西哥的汽车工业将受到较大的打击，因为日本汽车制造商向世界各国提供零部件。因此，除了对美国出口的直接影响，供应链的间接影响也将影响汽车行业的业绩。

4.1.2.4 我们的预测

物价方面，我们预计 2019—2020 年 CPI 同比涨幅达 0.5% ~ 1.0% 。通货膨胀预期基本保持不变。

CPI 同比涨幅虽然为正，但仍然继续相对疲软。这主要还是因为日本社会对工资和物价不会轻易增加的惯性预期已经根深蒂固，基于长期低增长和通货紧缩的经验，企业对工资和物价的谨慎立场以及家庭对价格上涨的谨慎态度在未来短期内很难有明显改变。

此外，生产率（主要是非制造业）提高的巨大空间、近年来持续不断的技术进步，以及女性和老年劳动力供应的高工资弹

---

① IMF. JAPAN: 2018 ARTICLE Ⅳ CONSULTATION ［R/OL］. (2018 - 11 - 21) ［2018 - 11 - 21］. https://www.imf.org/en/Publications/CR/Issues/2018/11/27/Japan - 2018 - Article - Ⅳ - Consultation - Press - Release - Staff - Report - and - Statement - by - the - Executive - 46394.

性，使企业即便是在经济扩张时期，在涨价方面也保持谨慎态度，并且技术进步等因素进一步加剧了一些领域的竞争。

展望未来，在产出缺口保持正值、中长期通货膨胀预期上升的背景下，日本 CPI 中长期同比涨幅有望逐步接近 2%。

4.1.3 就业和收入

4.1.3.1 日本官方的预测

内阁府 2019 年 1 月 28 日作出的内阁决定认为，随着就业形势的改善，就业人数将继续增加，主要是由于妇女和老年人进入劳动力市场，就业人数预计约增长 0.9%；失业率将小幅下降，约为 2.3%。[①]

日本中央银行发布的季度《经济和物价形势展望》报告显示，反映劳动者工资等总额的"雇用者报酬"将为 292.5 万亿日元，比 2018 年增长 2.9%。消费者物价上涨率 2018 年预计约为 1.0%，2019 年约为 1.1%。[②]

4.1.3.2 日本学者的预测

Marie Anne Valfort 对比了日本与 OECD 国家的就业各项指标，提出成人学习是帮助最弱势群体适应不断变化的劳动力市场的关键，成人学习对于帮助个人在整个工作生涯中保持和提高技能变得越来越重要。[③] 2018 年，日本约 35% 的成年人参与了与工作相

---

① Cabinet Office, Government of Japan. Fiscal 2019 Economic Outlook and Basic Stance for Economic and Fiscal Management [R/OL]. (2019 - 01 - 28) [2019 - 01 - 28]. https://www5. cao. go. jp/keizai1/mitoshi/mitoshi. html.

② Bank of Japan. Outlook for Economic Activity and Prices [R/OL]. (2019 - 01 - 23) [2019 - 01 - 23]. http://www. boj. or. jp/en/mopo/outlook/gor1901a. pdf.

③ Marie - Anne Valfort. LGBTI in OECD Countries: A Review [R/OL]. (2019 - 06 - 22) [2019 - 06 - 22]. https://www. oecd - ilibrary. org/social - issues - migration - health/lgbti - in - oecd - countries _ d5d49711 - en.

关的成人学习，远低于经合组织 41% 的平均水平。低技能成年人的这一比例下降到 13.5%。日本临时工人和长期工人参加培训的差距比大多数 OECD 国家更明显。在日本，这一差距超过了 15 个百分点。尽管接受培训的意愿相对较高，但在日本，签订临时合同的老年工人几乎没有培训机会来提高他们的技能和就业前景。日本政府已开始改革高等教育体系，并为之提供财政援助，尤其是为 IT 培训提供资金，以应对一个更加数字化的世界。鉴于日本正在经历的人口急剧下降和技术变革，这方面的政策改革对日本而言特别重要。

Odd Per Brekk 认为，随着就业和收入情况继续改善，预计私人消费也会有温和的增长趋势。目前日本劳动力市场供求状况持续趋紧，近期职工收入增速加快，预计雇员人数年变化率约为 2%。①

在工资方面，Sanjaya Panth 认为，尽管有波动，但每位员工的现金收入总额呈温和增长趋势。根据名义工资的变化情况，在全职和兼职雇员工资上涨的推动下，预计全职雇员预定现金收入的增长速度将温和加快，而基本工资的增长速度也会加快。②

4.1.3.3 国际机构的预测

IMF 认为，与活跃的企业部门形成对比的是，家庭部门将继续缺乏动力。未来家庭财务状况的不确定性和工资停滞正在抑制个人消费。③ 财政整顿停滞不前，社会保障改革滞后，这有可能导致未来的不确定性。此外，普通员工基本工资的增长未能稳定

---

① Odd Per Brekk. Financial System Stability and Competition in the Financial Industry [R/OL]. (2018 - 12 - 22) [2018 - 12 - 22]. http://www.docin.com/p - 1359916065. html.

② Sanjaya Panth. Bank ownership and the effects of financial liberalization [R/OL]. (2018 - 10 - 01) [2018 - 10 - 01]. https://ideas.repec.org/a/eme/igdrpp/v8y2018i1p109 - 138. html.

③ IMF. JAPAN: 2018 ARTICLE IV CONSULTATION [R/OL]. (2018 - 11 - 21) [2018 - 11 - 21]. https://www.imf.org/en/Publications/CR/Issues/2018/11/27/Japan - 2018 - Article - IV - Consultation - Press - Release - Staff - Report - and - Statement - by - the - Executive - 46394.

实现，导致工资增长的停滞。虽然企业经营前景尚不明朗，但企业有必要确保正式员工的长期就业。鉴于此，企业在提高基本工资时十分谨慎，导致人们预计个人消费将受到限制。由于与遗产税相关的避税需求已逐渐减少，预计住宅投资将会削弱，导致居民消费价格涨幅回落。政府几乎没有采取什么措施来抵消资源价格上涨和兼职工人劳动力成本上涨对消费价格的影响。

OECD 在报告中指出，尽管日本劳动力市场状况处于 25 年以来最严峻的时期，但工资增长依然疲软。① 较低的工资增长率意味着人均收入增长缓慢。日本正式员工与非正式员工之间的收入差异非常明显，未来这一差距可能会继续扩大，并且日本非正式员工的数量正在增加，这对人均收入的增长和人们生活标准的提高都有不利影响。

4.1.3.4　我们的预测

日本的就业率很高，2017 年为 75%，高于 OECD 成员国的平均就业率（69%）；日本的失业率在 OECD 成员国中排名第三，2017 年为 2.8%，2018 年为 2.4%，而 OECD 成员国的平均失业率为 6.8%。另一方面，收入和财富存在不平等现象，最富有的10% 的收入者在 2015 年获得了所有收入的 24%，而最富有的10% 的家庭拥有所有财富的 41%。贫困率高于平均水平，贫困人口占总人口的 16%，18 ~ 25 岁的年轻人中的 18%、65 岁以上老年人中的 20% 处于贫困线以下，而相比之下，OECD 成员国总体贫困率为 12%，年轻人和老年人贫困率为 14%。

目前，日本就业最大的挑战是数字化趋势，这正在从根本上改变工作。这些工作虽然不会完全被取代，但它们的大部分任务

---

① OECD. OECD Employment Outlook 2019：Japan ［R/OL］. （2019 – 04 – 25）［2019 – 04 – 25］. https：//doi. org/10. 1787/9ee00155 – en.

可能会被取代。约有 15% 的工作面临完全自动化的高风险，54% 的工人在工作中面临非常高或显著的自动化风险，39% 的工作可能会由于新技术的引入而发生重大变化。

工作数量虽然可能不会下降，但工作质量和工人之间的差距可能会不断拉大。尽管人们普遍担心技术变革和全球化会破坏就业，但总体就业水平不太可能大幅下降。虽然某些工作可能会因自动化而消失，但其他工作将会出现，因此预计就业总体上会一直温和增长。

未来更应该注意的是结构性失业。劳动力市场的差距可能会扩大，因为某些工人群体面临的风险比其他群体更大。尽管劳动年龄人口（15～64 岁）数量有所下降，但由于 2018 年开始的经济扩张趋势，日本的总就业人数一直在稳步增长，并在 2018 年达到有记录以来的最高水平。劳动年龄人口比例也达到新高。然而，由于数字化和人口老龄化，日本在确保工作质量不断提高方面面临许多挑战。

日本还面临固定和非正规劳动者之间根深蒂固的劳动力市场二元论问题，这些群体之间在就业条件和薪资方面存在巨大差距。造成这种差距的因素包括终生雇用、工龄工资和强制性退休等就业做法，以及解雇规定。

考虑到这些因素的综合影响，我们预计未来日本工资水平将温和低速增长。根据前文人均收入的数据，我们利用灰色预测模型来分析未来人均收入的变化趋势。结果显示，在未来 5 年里，日本的人均收入缓慢增加，到 2022 年能达到人均 49346.65 美元，平均年增长率为 0.59%。这与预测的 GDP 增长率相差不大，人均收入与 GDP 正相关。

4.1.4 对外贸易和投资

4.1.4.1 日本官方的预测

日本内阁部认为，由于反映内需的进口增加，对外需求将几乎持平，而随着海外经济的温和复苏，出口将增加。日本内阁预测，以 2011 年为基准，2019 年日本商品与服务进口增长率为 2.235%，出口增长率为 2.138%。由于来自海外的收入增加等原因，经常项目余额中的盈余将增加（经常项目余额约占名义 GDP 的 3.9%）。[①]

日本银行认为，在从收入到支出的积极流通机制下，日本经济正在适度扩张。海外经济整体也稳步增长。在这种情况下，日本出口呈上升趋势，预计未来日本经济将持续扩张至 2020 年。在这种情况下，预计日本的出口将继续温和增长。当然，未来汇率波动、国际商品价格趋势以及进口价格和国内价格的影响将成为上行和下行的因素。

4.1.4.2　国际机构的预测

IMF 预测 2019 年日本货物和服务进口实际增长率为 2.24%，货物和服务出口实际增长率为 2.14%，经常项目差额达 1804 亿美元，占 GDP 的 3.49%。

OECD 预测 2019 年日本货物和服务出口实际增长率为 0.17%，货物和服务进口实际增长率为 2.47%，经常项目差额达 1505 亿美元，占 GDP 的 3.03%。

4.1.4.3　我们的预测

日本外向型的贸易与投资格局使其受到的国际经济形势的影响比较大。据 IMF 2019 年 7 月时点的预测，世界经济增长的弱点将持续到 2019 年，2019 年（3.2%）将达到 2010 年（5.4%）以来的最低水平，因此日本 2019 年面临较弱的国际经济增长。

---

① Cabinet Office of Japan via Haver database, International Monetary Fund, World Economic Outlook Database, April 2019. 日本内阁部。

但是，从日本的主要贸易伙伴来看，美国经济正在扩大。欧洲经济虽然减速，但复苏的倾向仍在持续。中国经济虽然在一部分地区出现弱势，但总体上仍保持稳定增长。中国以外的新兴国家在各国的经济刺激下，出口缓慢地恢复。按主要地区展望未来，预计美国经济将继续扩大，欧洲经济将持续复苏。中国经济虽然受到了美中贸易摩擦、债务抑制政策的影响，但中国当局积极地运用财政、金融政策，总体上可以认为会走向稳定的增长。其他新兴国家和资源国经济预计整体将持续缓慢复苏。展望日本的出口前景，随着海外经济的增长，日本出口份额也将呈现出极为缓慢的上升趋势，这也反映出日本竞争力的改善；另一方面，海外对日本的信息相关产业和资产的需求增加，推动了日本出口份额的提升。在世界性的设备投资需求复苏的背景下，资本财产输出也将持续缓慢增加。伴随着消费品（例如新型智能手机等）的变动，进口也将处于缓慢增长的趋势，预计伴随着能源效率的改善，日本原料进口将保持缓慢减少趋势。

因此，本报告认为，2019 年日本的贸易和投资仍将呈现缓慢增长的态势。预计 2019 年日本的商品与服务进口增长率为 2.2%，出口增长率为 2.1%。经常项目差额仍将少量增加。名义经常收支盈余在原油价格高企的交易条件下可能恶化。但是，如果原油价格下跌，贸易收支将得到改善，加上海外经济的增长，日本入境人数增加，旅游收入得到增加，经常收支的盈余幅度将缓慢扩大。另外，日本与欧盟、东盟和美国之间贸易协议的修订会影响到日本国际投资的方向，但是日本仍会在生物医药、航天飞机、核能、钢铁、制造业、精密仪器制造、机器人等优势领域扩大科技合作和投资。

4.2 产业革命与转型升级

4.2.1 农业

自 2010 年以来，日本政府为激活农村活力、增加农民收入，不断探索第二、第三产业与农业的有机整合，在全国范围内大力推行六次产业和进攻型农业发展战略，由此提出的许多创新思路和实践模式，对东北亚地区各国都有借鉴意义。

4.2.1.1 六次产业

2010 年，日本着手全面推进六次产业的发展战略，旨在提升本国农民收入、提高农业竞争力、强化农村经济活力。六次产业是 1994 年日本农业协会综合研究所所长今村奈良臣首次提出的概念，农业不仅包括农畜产品的生产，还包括与之相关的第二、第三产业，如农产品加工、食品制造、农产品流通、销售、信息服务和农业旅游等。产业链的合作、联合与整合，使农民从留存的增值收益中获得更多收益。这种跨产业整合的方式就是六次产业。

六次产业以农业为基础，以充分挖掘农业多种功能与多重价值为核心，实现产业链的延伸、整合和融合，通过整合三次产业，形成生产、加工、销售、服务一体化的上下游产业链，通过规模经济和范围经济提升农业产业的综合价值，充分挖掘农业与农村各类资源，将更多的收益留存在农村和农民手中。日本政策金融公库调查数据显示，实施六次产业化的经营主体，超过 70%的收入明显提高，可见发展六次产业对于增加农业生产者的收入确有成效。

4.2.1.2 进攻型农业

在国际市场上，日本农业在传统的防御型高度保护下，竞争力日益弱化。近年来，日本政府意识到必须由传统的防御型农业转向进攻型农业，核心即增强农业竞争力，使其在国际贸易中具备强大的"进攻能力"。为此，安倍政府基于2010年制定的《关于全面经济联合的基本方针》，提出日本农业采取以攻为守的进攻型农业战略，即主动向国际市场开放本国农产品市场，通过政府立法支持、扩大农业生产规模、鼓励企业参与农业生产、刺激绿色优质农产品进出口等措施，提升农业经营效率，培育农业"多功能性"下的比较优势，打造更加强有力的国际市场竞争力。

围绕进攻型农业的核心目标，安倍政府颁布了相应的政策措施，主要是以《农林水产地区活力创造计划》和《食物·农业·农村基本法》为核心框架的农业支持政策体系。这些政策和措施可以概括为强化农业功能的多元化、鼓励农业生产的集约化、推动农业经营的信息化和实现农业生产的高附加值化。

日本各产业间的界限在进攻型农业策略的引导下逐步被打破，工商业与农林水产业的合作得到进一步强化。2013年11月，日本经济团体联合会和日本农协共同成立了"经济界与农林水产界合作强化工作小组"，这意味着经济界和农林水产业的合作，其宗旨在于引导各界发挥优势，打通产业间壁垒，促进产业链的融合，持续提升日本农业和农产品的附加值，增强日本农产品在国际市场上的竞争力，助推日本品牌农产品拓展国际市场。

4.2.2 制造业

随着日本向现代工业化国家的发展，制造业在国内经济、对外贸易及直接投资中发挥着重要的作用。在各个行业中，纺织品、家用电器和汽车行业对日本来说，是自由贸易协定谈判的更好的选择。

日本纺织和家用电器工业都很发达，在对外贸易中占有很大的份额，海关税率很低。在竞争激烈的国际市场上，作为最重要的劳动密集型产业，多边劳动分工协议将惠及各方，对地区经济和就业产生积极影响。日本的汽车工业非常发达，是世界上主要的生产国和出口国。日本若在这些领域的经济和技术合作方面发起双边或三方合作协议，将促使日本制造业的整体劳动分工更加合理，保障在未来国际市场上的份额更加合理。这对汽车生产商和消费者都有利。

4.2.3　能源

日本是能源匮乏的国家，从许多国家进口各种矿物燃料，而作为东北亚主要国家之一的中国是世界第二大能源生产国和消费国，拥有丰富的煤炭、石油、天然气和水电资源。中国长期以来一直是全球最大的煤炭生产国和重要出口国，每年向日本出口数百万吨。两国能源供应的互补性明显。

为了保证石油的供应，寻求与建立石油生产国和消费国的国际合作关系很有必要。东北亚地区石油战略储备的建立和相关协调对地区石油市场的稳定至关重要。除了中国西北油田开发的国际合作，对于东北亚地区来说，来自俄罗斯的石油和天然气的供应项目实际上更为重要。东西伯利亚和俄罗斯远东地区蕴藏着丰富的油气资源。日本迫切需要改善其能源消费结构，但是清洁能源供应持续短缺。因此，东北亚地区能源合作是非常重要的。

4.2.4　海洋运输

日本地处西太平洋，以海上运输为对外贸易的主要沟通方式。随着双边贸易的快速增长，近年来，海路货运量不断增长。

北九州、福冈等主要港口在区域交通网络中发挥着重要作用。

每个港口都必须把自己视为有机海洋运输系统的一部分，而不是以自我为中心考虑未来的位置。通过分析各港口航运中心的一般标准以及各港口目前和未来的功能，可以将东北亚地区的主要港口分为三个层次，构建东北亚海洋运输合作体系（JIN，2001）：一级包括上海、釜山和神户，被视为东北亚的全球航运中心或枢纽，它们与香港、高雄和新加坡共同构成了西太平洋的主要枢纽系统；二级包括仁川、天津、大连、青岛和北九州，被视为区域航运中心；三级包括连云港、烟台、光阳和福冈，被视为地方性航运中心。

4.2.5 城际合作

东北亚总人口约 15 亿人，人口超过 200 万人的超大城市有 26 个。在过去的几十年里，日本与东北亚国家，特别是中国、韩国的主要城市之间在政治、经济和文化方面的交流不断深化。

在东北亚城市间的联系方面，虽然目前并没有成立实质性的城市合作关系网络，但 1991 年成立的东亚城市市长协会陆续取得了一些成果。该协会成员城市包括北九州、马关、天津、青岛、大连、烟台、仁川、釜山和蔚山。该协会陆续提出了许多更加切实可行的政策建议。城市和区域经济是该协会普遍关注的主要问题之一，理事会议程上长期讨论的重要主题包括贸易和投资、文化交流、旅游和各省市之间的基础设施联系等。这显示出许多城市热衷于加强面向多方面的国际联系。姐妹城市联动是区域共同发展的重要机制。例如，日本的马关就是青岛市的友好城市。北京、首尔和东京这三个首都之间的国际联系同样重要。资本间的交流可以在借鉴境外经验的基础上，创造许多有意义的合作项目，促进各国在各领域的共识。东北亚城市合作关系网络未来应该朝着特大都市的空间发展方向进行规划。

4.3 政策借鉴与合作展望

对日本来说，提高生产力，需要增强产品市场竞争力和中小企业竞争力，减少贸易和投资流入壁垒，以深化日本融入全球经济的进程。进一步促进妇女和老年人就业，促使外国工人更好地融入社会，这些对减轻人口老龄化的影响至关重要。本报告认为，日本的做法和政策可以为东北亚地区的政策设计提供借鉴，日本与东北亚的经济合作将在以下几个方面展开。

4.3.1 继续深入推进中日韩 FTA 谈判

伴随着东亚地区 RCEP 谈判的顺利推进，日本 FTA 覆盖率的上升将得到迅速提升。因此，中日韩 FTA 的谈判重点将聚焦于如何实现比 RCEP 更高水平的开放。货物贸易和服务贸易、投资便利性和规则标准的制定将是中日韩 FTA 谈判的重中之重。

4.3.2 扩大数字经济领域的合作

亚洲一直走在数字化革命的前沿，但区域内部存在差异。韩国和新加坡在机器人密度方面居全球前两位，德国和日本紧随其后。日本政府还公布《机器人新战略》，提出要"迈向领先世界的机器人新时代"，其领先的应用层次能给东北亚各国以示范效应。

日本是东北亚地区网络技术比较发达的国家，东北亚电子商务领域还存在应用领域狭窄、应用程度和层次较低的问题。促进电子商务水平的提高和应用是扩大东北亚各国电子商务合作的主要渠道，在未来几年将会逐步实现。

4.3.3 强化"一带一路"的桥梁纽带作用

日本最初对"一带一路"倡议不太关心，但是后来态度逐渐转变。2018 年 10 月，中日达成了基础设施项目合作的双边协议，正式表明日本对"一带一路"倡议的积极参与。

基础设施投资是"一带一路"倡议的重要抓手和优先发展方向。日本在亚洲基础设施投资领域耕植多年，积累深厚。日本综合商社等大型企业领衔对外基础设施建设投资，项目多集中于电力、水务等稳定收益类型，道路等交通项目少有涉猎。日本政策性机构积极通过"优惠金融"手段助力日本企业对外投资，近年来日本政府支持扩大对外基础设施投资意愿强烈、手法多样。

4.3.4 探索远东地区开发的路径

远东地区自然地理条件良好，海参崴南部的三国交界地区将会是在工业领域合作方面的一个重点地区。如果俄罗斯决心在此处设立封闭管理的高水平自由贸易区，将给东北地区打开一条便利的出海口，全球前三大经济体都会因为这条新通道而联系更加便捷，而俄罗斯也可以在转口贸易中收获颇丰。

日本在农业等很多领域具有技术优势，俄罗斯可以通过大型农业集团合作等形式，采取半封闭的方式包租土地，获得收益。通过这种模式，日本既克服了大批外来移民的弊端，也为远东地区的发展攫取了第一桶金。

4.3.5 借鉴日本农业与农村改革经验，推进三次产业间的跨产业融合发展

日本六次产业和进攻型农业取得了显著成效，对于东北亚各

国的农业发展具有较大的借鉴意义。例如,可以通过知识、技能、资本、设施、网络等方面的现代化能力建设与来自国家和各方面的政策支持,提高农业经营主体整合利用资源、参与六次产业化经营的能力。

4.3.6 放宽进入壁垒,提高服务业和中小企业的生产力

产品市场监管限制了服务领域的竞争和投资,降低了生产率。2018 年日本出台了针对中小企业信息和通信技术投资的监管沙箱、赠款和税收激励措施。参与全面与进步跨太平洋伙伴关系协定和《欧盟—日本经济伙伴关系协定》将强化服务业的竞争。

东北亚其他地区可以借鉴两项协定中的做法,共同商讨放宽各国服务业和中小企业在各国的进入壁垒,扩大创业培训和融资渠道,以增强企业活力,同时降低对服务进口和外国直接投资的限制。

4.3.7 共同促进劳动力跨国合作,支持所有可用人才的劳动力参与程度

日本正面临人口迅速老龄化的严重问题,而日本的外国工人比例在发达国家中偏低,这使日本的劳动年龄人口减少。

努力打破国家间劳动力流动壁垒,扩大国家间劳动力交流与合作,例如鼓励向以能力而非国籍为基础的灵活就业和工资体系转变;打破劳动力市场二元论,减少对本国或非本国普通劳动者的有效就业保护;在劳动力严重短缺的部门促进外国熟练专业人员和外国工人的就业。

4.3.8 共同合作,促进东北亚地区的绿色可持续增长

2011 年福岛核事故后,日本对石油的依赖增加,使温室气体

排放目标难以实现。为确保资源的可持续性和改善环境质量，当务之急是加快实现温室气体排放目标，并在现有目标的基础上加大减排力度。日本与东北亚其他国家在绿色清洁能源方面具有较大的合作发展潜力，可以在地区间解决潜在的障碍，加快可再生能源的部署；通过经济脱碳实现 2050 年长期气候目标；鼓励绿色金融和投资；等等。通过整体部署和共同合作，努力实现东北亚地区经济的绿色可持续增长。

（江西财经大学统计学院　王静　康鸿）

分报告二

2019 年俄西远经济发展报告①

---

① 俄罗斯及俄西远数据，除特殊说明外，均来源于俄罗斯联邦统计局。

1 俄西远的经济地位

1.1 地区生产总值

俄西远地区生产总值为 2640.43 亿美元，比上年提高 14.28 个百分点，占俄罗斯的 15.93%，比上年提高 1.30 个百分点；占世界的 0.31%，比上年提高 0.02 个百分点。

2017 年和 2018 年俄罗斯 GDP 分别增长 1.6% 和 2.3%，俄罗斯经济自 2016 年第四季度开始从危机中复苏，但 2017 年以来增长动力日趋弱化。2018 年宏观经济表现出弱增长的特征。俄罗斯经济的突破性增长和发展还有赖于经济结构问题、基础设施问题、投资问题、进口替代问题的解决和财政货币政策的优化选择。

1.2 人口、就业和收入

俄西远人口为 2545.3 万人，占全俄罗斯的 17.62%（其中：西伯利亚 13.35%，远东 4.27%），占世界的 0.34%。

俄西远地域辽阔、地广人稀，土地面积占全国的 66.07%，人口只占到全国的 17.62%，人口密度每平方公里仅为 2.25 人。俄西远受自然和经济等因素影响，近年来面临人口外迁、劳动力不足、失业率上升等问题。据统计，俄西远人口从 1991 年的 3247.5 万人下降至 2018 年的 2545 万人，减少了 21.6 个百分点。

2018 年俄西远失业率为 6.35%，比上年下降 0.52 个百分点，比亚洲平均水平高 2.75 个百分点，比世界平均水平高 1.35 个百分点。俄西远年人均收入为 10230 美元，比亚洲平均水平低 746 美元，低 6.8 个百分点；比世界平均水平低 893 美元，低 8.03 个百分点。

1.3 土地

俄西远土地面积为 1131.43 万平方公里，占俄罗斯领土面积的 66.07%（其中：西伯利亚 30.04%，远东 36.03%），占亚洲的 25.38%，占世界的 7.60%。

俄西远幅员辽阔、矿藏丰富，耕地面积巨大，能源、森林、渔业、水利和矿产等自然资源较为丰富，石油资源占俄罗斯的 76.1%，天然气资源占 90%，煤炭资源占 93.8%，森林资源占 74%，均是俄罗斯经济发展中的支柱型产业。

1.4 进出口贸易总额

2018 年俄西远进出口贸易总额为 825.88 亿美元，比上年提高 30.32 个百分点，占世界的 0.21%。出口贸易总额为 666.16 亿美元，比上年提高 30.27 个百分点，占世界的 0.34%。进口贸易总额为 159.72 亿美元，比上年提高 33.46 个百分点，占世界的 0.08%。

中俄经贸合作是两国战略协作伙伴关系的重要内容。2018 年中俄两国贸易额达 1082.83 亿美元，比 2017 年增长 24.5%，中国仍为俄罗斯最大贸易伙伴国。双边贸易结构中，俄罗斯对中国出口的 76.1% 是能源原材料，8.62% 是木材及纸浆，粮食及农业原料出口额占出口总额的 4.5%。在中国出口到俄罗斯的商品中，机械设备占 57.12%（2017 年为 58.95%），化工产品占 9.91%，金属及其制品占 7.75%。

1.5 国际投资

俄西远国际投资总额为 438.14 亿美元，比上年下降 6.64 个百分点；占世界的 1.9%，比上年低 32.78 个百分点。

俄西远吸引的境外投资仅占全国总量的 5.5%，中国、日本、荷兰、韩国、澳大利亚是俄西远的主要投资国家。在欧美对俄罗斯实施长期经济制裁的情况下，俄西远亟须吸引东北亚国家的投资。因此，俄罗斯推出了超前发展经济区和符拉迪斯托克自由港以吸引投资。

1.6 俄西远与东北亚四国国际贸易

1.6.1 中国

俄西远对中国的贸易总额为 203.3 亿美元，占世界的 24.49%，比上年提高 0.63 个百分点。对中国的出口总额为 142.4 亿美元，占世界的 21.24%，比上年提高 0.59 个百分点。出口产品以矿物燃料、石油及其蒸馏产品为主，占 38.89%；其次是木材及纸浆，占 19.88%。对中国的进口总额为 60.9 亿美元，占世界的 38.23%，比上年提高 1.68 个百分点。进口产品以核反应堆和机械设备为主，占 21.98%；其次是电子设备，占 21.98%。顺差为 81.49 亿美元。

1.6.2 日本

俄西远对日本的贸易总额为 96.66 亿美元，占世界的

11.3%，比上年下降 0.2 个百分点。对日本的出口总额为 87.1 亿美元，占世界的 13.44%，比上年提高 0.32 个百分点。出口产品以矿物燃料、石油及其蒸馏产品为主，占 80.84%；其次是铝及其制品，占 5.55%。对日本的进口总额为 6.6 亿美元，占世界的 4.15%，比上年下降 0.95 个百分点。进口产品以运输工具及配件为主，占 36.64%；其次是核反应堆和机械设备，占 21.88%。顺差为 83.44 亿美元。

1.6.3　韩国

俄西远对韩国的贸易总额为 128.05 亿美元，占世界的 15.44%，比上年提高 1.12 个百分点。对韩国的出口总额为 120.5 亿美元，占世界的 17.97%，比上年提高 2.06 个百分点。出口产品以矿物燃料、石油及其蒸馏产品为主，占 80.23%；其次是水产品，占 11.38%。对韩国的进口总额为 7.55 亿美元，占世界的 4.74%，比上年下降 3.12 个百分点。进口产品以机械设备为主，占 29.49%；其次是塑料制品，占 9.43%。顺差为 112.91 亿美元。

1.6.4　蒙古国

俄西远对蒙古国的贸易总额为 4.86 亿美元，占世界的 0.59%，与上年持平。对蒙古国的出口总额为 4.72 亿美元，占世界的 0.71%，与上年持平。出口产品以矿物燃料、石油及其蒸馏产品为主，占 38.16%；其次是黑色金属，占 12.88%。对蒙古国的进口总额为 0.14 亿美元，占世界的 0.09%，与上年持平。进口产品以肉制品为主，占 50.77%；其次是塑料原料、石灰和水泥，占 21.12%。顺差为 4.58 亿美元。

2 俄西远经济发展形势

2.1 地区生产总值

俄西远地区生产总值增长 14.28%，比上年提高 6.45 个百分点。投资下降 6.64%。消费增长 1.96%，比上年提高 4.95 个百分点。净出口增长 30.32%，比上年增加 6.32 个百分点。

2018 年俄罗斯经济已进入增长区间，经济摆脱逐步衰退，但经济增速仍低于世界平均水平，联邦政府设定的未来 3 年 GDP 年增长率分别为 1.3%、2%、3.1%。目前来看，俄罗斯的经济结构短时间内还无法改变，主要还是依靠油气和矿产资源、林业出口支撑。

俄西远地域辽阔、土地肥沃，土地面积占东北亚地区的79.4%，是东北亚地区唯一一个资源出口导向型经济体。然而，俄西远在产业结构方面却处于国际产业链下游，资源出口是发展经济的主要模式，产品竞争力严重依赖国际市场行情。

2.2 CPI

俄西远 CPI 为 4.05%，比上年提高 2 个百分点。PPI 为8.7%，比上年提高 1.73 个百分点。M_2 增长 11%，比上年提高0.52 个百分点。

2018 年，CPI 呈现逐渐升高的趋势，但在审慎的宏观货币政策框架下，俄罗斯全年通货膨胀水平基本保持稳定。在美元加息、发达国家制裁和俄罗斯把增值税由 18% 提高到 20% 的背景下，俄罗斯国内金融市场的预期发生变化，货币供给和货币需求之间的关系变得复杂。总体来说，输入型通货膨胀仍然是 2018 年通货膨胀的主要成因。卢布贬值通过进口品价格上升影响国内价格水平，也通过提高出口部门的收益水平，提高了国内需求，从而影响通货膨胀率。在通货膨胀水平的变动趋势中，PPI 的变动需要重点关注。2018 年 PPI 比上年同期上涨了 11.9%，其中，采掘业产品价格上涨了 25.1%，加工业产品价格上涨了 9.3%，成为 PPI 总体上涨的主要原因。水电气供应的价格基本保持平稳，仅上涨了 3.7%。从全年来看，2018 年 4 月之前，俄罗斯的 PPI 基本保持稳定，进入 5 月之后开始加速上涨。采掘业产品价格 5 月环比上涨 7.3%，6 月环比上涨 11.4%。作为上游原材料产品，采掘业产品价格上涨，传导到加工部门，引发加工业产品成本上升、价格上涨。与此同时，4 月卢布贬值，也提高了进口设备和原材料的价格，成为加工业产品价格上涨的重要原因。

2.3 就业与收入

俄西远失业率为 6.35%，比上年降低 0.52 个百分点。俄西远年人均收入增长 1.45%，比上年提高 0.31 个百分点。

俄西远受自然和经济等因素影响，近年来面临人口外迁、劳动力不足、失业率上升等问题。经济发展缓慢是导致高新技术人才和青壮年劳动力流失的主要原因。俄西远不仅劳动力不足，而且劳动力失业率较高，平均就业人数也不足人口总量的一半。

2.4 国际贸易

2018 年俄西远进出口贸易总额增长约 139 亿美元，比上年提高 20.14 个百分点。出口贸易总额增加 118 亿美元，比上年提高 21.42 个百分点。进口贸易总额增加 20.74 亿美元，比上年提高 14.95 个百分点。

2018 年俄西远对外贸易继续保持高速增长势头，在欧美对俄罗斯经济制裁背景下，俄西远与美国及欧盟国家的贸易额仍有较大幅度的增长，与欧亚经济联盟成员国之间的贸易额继续提高。从贸易商品结构来看，俄西远出口商品仍以矿物燃料、石油及其蒸馏产品为主，进口商品仍然以机械设备和机电产品为主，贸易结构没有改善。2018 年俄西远对外贸易的增长，既得益于国际油价的上涨，也在很大程度上得益于政府的贸易政策。

2.5 国际投资

国际投资下降 6.64%，比上年提高 3.44 个百分点。

目前俄西远尚处开发阶段，在原料产业和为原料出口服务的基础设施建设方面亟须吸引国内外大量的投资。虽然俄西远在吸引外资方面表现良好，但俄西远法律制度不规范、不健全，阻碍了境外投资的进入。

2.6 俄西远与东北亚四国国际贸易

2018 年俄西远对中国、日本、韩国和蒙古国都是贸易顺差，出口中国、日本和韩国的产品大部分为矿产品、木材、金属制品和动物产品等加工程度较低的初级产品，说明在东北亚区域内部，俄西远对发达国家的进口更多，对发展中国家的出口更多，俄西远净出口对经济增长的贡献主要来自与发展中国家的贸易往来，因此与东北亚各国建立良好的合作关系，符合俄西远的长久利益。

2018 年，中俄两国双边贸易总额继续保持快速增长，并首次突破千亿美元大关。根据俄罗斯海关的统计数据，2018 年俄中贸易额为 1082.83 亿美元，同比增长 24.5 个百分点。其中，俄对华出口额为 560.65 亿美元，同比增长 44.1 个百分点；俄自华进口额为 522.18 亿美元，同比增长 8.7 个百分点。自 2010 年起，中国已连续 8 年保持俄罗斯最大贸易伙伴国地位。

2018 年，俄西远与东北亚其他经济体进出口贸易总额大幅增长，对中国的贸易量增速最快。中国是俄西远最大的贸易伙伴国，2018 年俄西远对华贸易继续保持较快增长势头，对华贸易总额达 202.97 亿美元，同比增长 23.34 个百分点。贸易顺差增加 17.79 亿美元，比上年提高 28.07 个百分点。

2.6.1　中国

2018 年，俄西远对中国的贸易总额增长 39.30 亿美元，比上年提高 24 个百分点。对中国的出口总额增长 28.10 亿美元，比上年提高 24.65 个百分点。出口产品第一大类为矿物燃料、石油及其蒸馏产品，增长 13.04 亿美元，比上年提高 30.09 个百分点；出口产品第二大类为木材及纸浆，增长 0.68 亿美元，比上年提高 2.48 个百分点。对中国的进口总额增长 11.2 亿美元，比上年提高 20.38 个百分点。进口产品第一大类增长 3.04 亿美元，比上年提高 29.49 个百分点；进口产品第二大类增长 3.70 亿美元，比上年提高 62.58 个百分点。贸易顺差增长 17.80 亿美元，比上年提高 28.07 个百分点。

2.6.2　日本

2018 年俄西远对日本的贸易总额增长 14.28 亿美元，比上年提高 18.03 个百分点。对日本的出口总额增长 14.74 亿美元，比上年提高 20.43 个百分点。出口产品第一大类增长 12.71 亿美元，比上年提高 22.09 个百分点；出口产品第二大类减少 0.93 亿美元，比上年降低 16.14 个百分点。对日本的进口总额减少 0.46 亿美元，比上年减少 6.48 个百分点。进口产品第一大类减少 0.07 亿美元，比上年降低 2.90 个百分点；进口产品第二大类减少 0.34 亿美元，比上年降低 19.07 个百分点。贸易顺差增长 15.19 亿美元，比上年提高 23.35 个百分点。

2.6.3　韩国

俄西远对韩国的贸易总额增长 29.81 亿美元，比上年提高 30.37 个百分点。对韩国的出口总额增长 33.13 亿美元，比上年提高 37.96 个百分点。出口产品第一大类增长 32.94 亿美元，比上年提高 51.75 个百分点；出口产品第二大类水产品增长 1.78 亿美元，比上年提高 15.08 个百分点。对韩国的进口总额减少 3.32 亿美元，比上年降低 30.57 个百分点。进口产品第一大类减少 2.54 亿美元，比上年降低 53.34 个百分点；进口产品第二大类减少 0.02 亿美元，比上年降低 3.92 个百分点。贸易顺差增长 36.45 亿美元，比上年提高 47.71 个百分点。

2.6.4　蒙古国

俄西远对蒙古国的贸易总额增长 0.83 亿美元，比上年提高 20.57 个百分点。对蒙古国的出口总额增长 0.82 亿美元，比上年提高 21.00 个百分点。出口产品第一大类增长 0.10 亿美元，比上年提高 5.89 个百分点；出口产品第二大类增长 0.32 亿美元，比上年提高 114.29 个百分点。对蒙古国的进口总额增长 0.01 亿美元，比上年提高 8.23 个百分点。贸易顺差增加 0.81 亿美元，比上年提高 21.45 个百分点。

2.7 俄西远与东北亚四国国际投资

俄西远产业结构比较单一，多年来一直以原料型经济为支柱型产业，因此俄西远的经济受到国际原料市场供需变化的直接影响，产业结构单一的问题短时间内无法改变。俄西远一直希望通过与中国、韩国、日本等东北亚国家开展能源合作，吸引来自这些国家的资本和技术，弥补国内投资不足，同时以国际能源合作作为工具增强在东北亚地区的政治影响。

目前，俄西远沿海地带的港口城市发展情况较好，吸引了大量的资本和劳动力，以符拉迪沃斯托克等港口城市为经济发展核心向内陆地带辐射。

2.7.1 中国

2018 年俄西远对中国的投资增加了 26 万美元，比上年上升 0.48 个百分点。中国对俄西远的投资减少 6040 万美元，比上年降低 11.31 个百分点。

能源领域是中俄两国合作的重中之重，中俄两国在能源领域的合作政策上存在经常变更和调整的问题。除此之外，俄罗斯在同中国开展经济合作问题上，存在不同利益集团分歧较大的问题，中俄两国在石油管道合作项目上也几经波折，特别是几年前出现的"安大线"及斯拉夫石油公司股权拍卖风波，这些问题都暴露了中俄两国在能源合作上存在的分歧，中俄区域经济合作发展缓慢。另外，由于在一些新领域（如新材料、水能、生物技术、核能等）的合作潜力方面，中俄两国的合作明显滞后于两国日益巩固的政治关系，这些领域的合作还有待开发。

2.7.2　日本

俄西远对日本的投资增长 7 万美元，比上年提高 0.35 个百分点。日本对俄西远的投资增长 270 万美元，比上年提高 2.35 个百分点。俄西远与日本在经济合作领域具有很强的互补性，俄西远开发需要日本的技术和资金，而日本需要俄西远的油气和矿产资源，日本对俄西远的贸易投资主要集中于油气资源勘探和初级加工、木材加工、矿产开采等领域，俄罗斯对日本的投资可以忽略不计。近年来，日本对俄西远的投资一直处于缓慢增长状态，日本对俄罗斯经济相对发达地区投资的积极性较高，与俄罗斯的经济合作主要集中在俄罗斯的欧洲部分，日本企业对俄西远的投资意愿较弱。

2.7.3　韩国

俄西远对韩国的投资增长 131 万美元，比上年提高 3.97 个百分点。韩国对俄西远的投资增长 6950 万美元，比上年提高 49.69 个百分点。俄罗斯和韩国在经济领域合作方面存在诸多方面的共同利益，双方存在很大的合作空间。对于俄罗斯而言，俄西远开发需要吸引韩国的资金和技术，而韩国希望建设俄朝韩铁路发展铁路运输、能源运输管道，获得俄罗斯的天然气资源和并入俄罗斯远东电网。

2.7.4　朝鲜

受制裁影响，俄西远对朝鲜的贸易总额为 0.34 亿美元，同比下降了 56.09%。受制于美国对朝鲜的制裁和联合国安理会第

2397 号决议的影响，各国彻底切断对朝鲜的石油供应，对朝鲜实施海上封锁，驱逐所有朝鲜劳工，切断朝鲜所有对外出口，俄罗斯与朝鲜的合作已无法开展。

3　俄西远经济发展评价

3.1　对俄西远经济形势的评价

3.1.1　经济弱势增长

2018 年俄罗斯金融形势基本稳定，经济继续保持弱增长趋势。2018 年俄罗斯外汇储备保持稳步增长，外汇储备 12 月末较年初增长了 348 亿美元，增长了 7%。外债总额为 4671 亿美元，较年初减少了 624 亿美元，国家债务规模维持在较低的水平，全年通货膨胀水平基本保持稳定。2018 年，CPI 逐渐升高。根据俄罗斯联邦统计局的数据，CPI 比 2017 年同期上涨了 3.5%，年末通货膨胀率为 4.05%。输入型通货膨胀仍然是 2018 年通货膨胀的主要成因。卢布贬值通过进口品价格上升影响国内价格水平，也通过提高出口部门的收益水平，提高了国内需求，从而影响通货膨胀率。

3.1.2　金融市场稳定

2018 年俄罗斯中央银行继续以控制通货膨胀为货币政策目标，实行了比较审慎的宏观货币政策。俄罗斯银行体系运行稳健，在监管方面继续加强对商业银行和资本市场的监管。2008 年国际金融危机后，俄罗斯中央银行持续加大对商业银行资产充足率和合规经营方面的监管力度，吊销了大量不合规和违规商业银行的经营许可证，俄罗斯商业银行数量已经从 2008 年的 1136 家减少到 2018 年的 497 家。

根据俄罗斯中央银行的金融风险和金融稳定报告，2018 年第二季度，俄罗斯金融市场风险主要是外汇货币市场风险显著上升，卢布货币市场、外汇市场、国债市场、私人债券市场和证券市场风险均处于较低水平。俄罗斯外汇市场风险主要是与 2018 年美联储加息和欧美对俄罗斯的制裁有关，与俄罗斯经济的基本面无关。

3.1.3　居民生活水平和就业率有所提高

从社会发展指标来看，俄罗斯也取得了近年来的最好成绩，2018 年 15~72 岁的劳动人口中，失业人口为 365.4 万人，失业率由 2017 年的 5.2% 下降到 4.8%。居民实际可支配收入在 2018 年为月人均 31299 卢布，比 2017 年同期增加 0.4%。在职职工月名义工资为人均 42355 卢布，同比增长 10.3%，扣除物价因素，实际上涨 7.4%。与居民最终消费相关的社会零售总额比上年同期增长了 2.6%。居民预期寿命从 2017 年的 72.7 岁增长到 72.9 岁。

3.1.4　内外部收支状况有所改善

从财政收支来看，2018 年是俄罗斯自 2008 年以来的首次财政盈余年度。财政收入为 15.8 万亿卢布，支出为 12.78 万亿卢布，财政盈余资金约 3 万亿卢布，大约相当于 GDP 的 2.1%。由于能源价格上涨，2018 年财政收入中，油气收入贡献了 7.2 万亿卢布，占比达 45.7%，比 2017 年的 36.9% 有较大幅度的上升。

　　财政收支的上述变化主要取决于两方面因素：一是国际油价上升导致的预算收入高速增长；二是预算新规出台引起的预算支出急剧缩减。2018 年联邦预算中，油气收入达 90178 亿卢布，占46.4%，其中矿产资源开采税收入为 60098 亿卢布，占油气收入的 66.6%，出口关税为 30079 亿卢布。油气收入占比较上年提高了近 7 个百分点，俄罗斯摆脱油气依赖的尝试没有在 2018 年取得成效。

　　外贸盈余比上年大幅增长。2018 年外贸总额为 6925.7 亿美元，同比增长 17.6%。其中，出口 4520.7 亿美元，同比增长25.6%；进口 2405.0 亿美元，同比增长 5.1%；外贸盈余 2115.7亿美元。出口品中，能源原材料占 60.7%，金属及其制品占0.2%，机械设备占 7.1%，化工产品占 6.8%，农产品及食品原料占 5.6%。进口品中，机械设备占 48%，食品及农产品占12.6%，化工产品占 17.9%。贸易伙伴中，中国仍是其最大的贸易伙伴国，贸易额为 1082.84 亿美元，占其外贸总额的 15.64%，比 2017 年同期提高了 0.88 个百分点。

　　资本净流入和投资增速状况有所改善。2018 年资本净流入652 亿美元（2017 年全年净流入 292 亿美元）。其中，外国直接投资为 124 亿美元（2017 年外国直接投资流入 471 亿美元）。固定资产投资增长了 4.1%。

　　外汇储备保持稳步增长。外汇储备从年初的 4320 亿美元增长到 12 月初的 4640 亿美元，增长了 7%。外债总额为 4671 亿美元，持续减少（2017 年同期为 5295 亿美元，2014 年 10 月为 7450 亿美元），其中政府债务总额为 186 亿美元。

3.1.5 中俄经贸合作取得重大进展

　　2018 年中俄贸易额创历史新高，中国连续 7 年成为俄罗斯最大的贸易伙伴国，中俄双边贸易总额首次突破 1000 亿美元，达到了 1082.84 亿美元，同比增长 24.50%，其中俄自华进口 522.18 亿美元，同比增长 8.7%；俄对华出口 560.66 亿美元，同比增幅超过 44.1%。双方一直致力于实现能源贸易多样化，中国自俄罗斯进口能源的数量逐年增加，俄罗斯对中国的贸易顺差也明显扩大。未来，随着亚马尔液化天然气项目投产和"西伯利亚力量"二线天然气管道铺设完成，俄罗斯对中国出口天然气的数量还会增多。除了两国在俄西远开发上形成了诸多共识，俄罗斯还计划向中国增加机电设备以及农产品出口。贸易结构不合理是两国贸易层面面临的主要问题，2018 年矿产占俄对华出口总量的76.1%；居第二位的是木材和纸制品，占 8.6%；食品和农产品仅占 5.6%；机械设备占 2.7%。俄罗斯从中国进口的产品主要是大众消费品，其他商品份额占比较低。

3.2　俄西远经济政策评价

俄罗斯的经济多年来一直以资源出口为导向，主要依靠自然资源特别是能源出口达到高速经济增长，经济对能源的依赖程度已经接近石油输出国组织（OPEC）国家的水平。俄罗斯政府多次计划改变能源占比过高的经济结构，实现经济多样化，但由于近年来俄罗斯经济持续低迷，依赖能源经济的状况并没有发生实质性改变。充分开发利用俄西远丰富的油气矿产资源，已成为俄罗斯资源依赖型经济发展的客观要求。

长期以来，亚洲部分和欧洲部分的经济发展不平衡，俄罗斯的经济发展重心在欧洲部分，而对亚洲部分的经济开发严重不足，致使经济社会发展落后、人口大量流失。2009 年俄罗斯政府将俄西远开发上升为国家战略，为了有效推动俄西远的经济发展，缩小与欧洲地区的差距，俄罗斯出台了《2025 年前远东和贝加尔地区社会经济发展战略》，并与中国共同制定了《中华人民共和国东北地区与俄罗斯联邦远东及东西伯利亚地区合作规划纲要（2009—2018 年)》，这两个战略规划纲要对俄西远地区开发具有特别重要的意义，其规划开发领域的广度和政策措施力度前所未有。特别是与中国共同制定的合作开发规划详细而具体，对促进俄西远地区开发具有重大战略意义。

2014 年俄罗斯又颁布了《俄罗斯社会超前经济发展区联邦法》，重点发展加工和高科技产业，同时布局旅游、养老、港口和运输等基础设施，将高科技研发成果商品化。超前经济发展区不同于传统的经济特区，每个超前经济发展区都出台了配套的相关联邦法律和规定，提供补贴和税收优惠，简化行政程序等，吸引国内外资金和技术，推进远东超前经济发展区和符拉迪沃斯托克自由港区开发建设。"一区一港"政策改善了俄西远的投资和经营环境，对带动整个地区经济发展和扩大当地就业起到了积极的作用。截至 2018 年底，"一区一港"已实施近 4 年，俄罗斯政府已在远东地区设立了 22 个市政机构、18 个超前经济发展区和 5 个自由港区域。

目前，滨海边疆区有 16 个市政区被划入自由港区域，总面积占滨海边疆区的 1/4。根据远东发展部数据，符拉迪沃斯托克自由港目前已经吸引到 3510 亿卢布投资，以俄罗斯国内投资为主，国外投资占比不高。在境外投资中，中国和日本投资额占投资总额的 90%，分别主导"一区一港"的大部分项目。目前，中国资本以获取资源和初级产品、农产品为主，投资大多集中于超前经济发展区；日本的资本倾向于投资自由港，利用俄罗斯较低的制造成本，发展面向国际市场的制造业。

3.3　我国与俄西远经济合作的建议

俄西远地域辽阔，油气资源储量丰富且大多尚未开发，俄西远亟须引入境外资本和技术加快油气资源的开发进度，而中国是能源消费大国，需要长期稳定的能源供应，因此能源合作符合中俄两国的共同利益。当前，两国经济合作发展势头良好，产业合作互补优势明显，后期合作空间巨大。双方力求以项目带动投资，促进金融合作水平跨上新台阶。但目前，在很多项目的实施过程中，还有许多项目对接问题需要中俄双方解决。总结共性问题的症结，有针对性地开展工作，对提高两国地方合作的效率，促进地方合作良性、有序发展，进而取得预期的合作效果十分重要，值得我们深思和研究。

在中俄全面深化战略协作伙伴关系的大背景下，两国加快深层次、多领域的地方合作势在必行，双方在合作规模和深度方面还有很大的提升空间。因此，必须以创新理念加强合作，推动地方产业结构升级，促进地方经济共同发展，从而带动两国经济合作水平跨上新的台阶。未来，我国与俄西远合作可重点关注以下几个领域。

3.3.1　积极参与北极航道的开发与合作

随着全球气候变暖，北极冰盖加速融化，开辟北极航道将成为可能，未来北极航道一旦开通，将极大地缩短船舶往返太平洋和大西洋的时间，同时全球海运贸易中心将转移至北极沿岸港口，也会带来巨大的经济效益。北极航道的开通对我国而言意义重大。我国 90% 以上的国际贸易运输通过海上运输，如果北极航道顺利开通，将大大拉近我国与欧洲、北美等市场的距离，可大幅降低海运成本。我国沿海各港口通过北极航道到北美东海岸，比走巴拿马运河航线可节省 2000 ~ 3500 海里的航程；通过北极航道到欧洲各港口，比走苏伊士运河航线缩短 25% ~ 55% 的航程。

欧洲、北美和东北亚这三个全球经济最发达的地区，可通过北极航道形成国际物流业的快速通道，推动海运行业的发展，提高俄西远能源和原材料外运能力，加快三地间的货物流通，俄罗斯北极沿海地带将成为运输补给基地。

俄西远北极地区自然环境恶劣，大量的基础设施需要新建，航道开发前期投资需求较大，虽然俄罗斯投入大量资金进行前期准备，但单靠俄罗斯一己之力无法实现，因此俄罗斯希望吸引中国、日本、韩国以及北欧国家参与北极航道方面的国际合作，以加快北极航道的开发进度。

3.3.2 稳步推进能源合作

俄西远能源储量丰富，限于资金紧张，远东的油气资源勘探投资不足，导致俄西远的油气资源未能有效开发。近年来，随着中国经济的飞速发展，其在能源消费方面的需求也快速增加，虽然中国的石油产量位居全球第六，但中国的石油对外依赖程度已从 1995 年的 7.6% 增加到了 72%，高度依赖国际市场。能源合作是中俄两国合作的重点领域，也是两国战略协作伙伴关系的重要组成部分，未来几年中俄两国能源合作将继续稳步推进。

3.3.2.1 石油合作

中俄两国在石油领域的合作潜力巨大，由于两国的领土接壤，具有通过油气管道输送能源的优势。目前，俄罗斯石油公司与中国签署了长期供油协议，通过外贝加尔斯克口岸长期向中国出口石油。俄罗斯尤科斯石油公司通过纳乌什基口岸向中国出口石油。

2006 年 3 月 21 日，中国石油天然气集团公司与俄罗斯石油公司签署协议，双方共同组建成"东方能源公司"，中方持有 49% 的股份，俄方持有 51% 的股份，这是中国企业首次在能源领域入股俄罗斯企业，标志着中俄在能源领域的合作迈上一个新台阶。与此同时，双方在中国建立了中俄东方石化（天津）有限公司，其中中方持有 51% 的股份，俄方持有 49% 的股份，这种新型能源合作方式在满足双方各自利益的同时，又可以交换的形式促成互利合作。2008 年 10 月 28 日，中俄两国共同签署了《中国石油天然气集团公司和俄罗斯管道运输公司关于斯科沃罗季诺至中俄边境原油管道建设与运营的原则协议》，标志着中俄石油合作进入法制化阶段。2009 年 2 月 17 日，中俄两国在《石油领域合作谅解备忘录》的基础上，经过多次协商，最终签署了俄罗斯历史上金额最大的能源协议。根据协议的具体规定，中国将分别向俄罗斯石油运输公司、俄罗斯石油公司提供 100 亿美元和 150 亿美元的长期贷款，利率约 6%，俄罗斯以石油为抵押，通过长期向中国输送石油偿还贷款。同时，俄罗斯需要每年向中国输送 1500 万吨、总量为 3 亿吨的石油。2013 年 6 月，双方签署增供协议，根据协议的具体规定，俄罗斯在中俄原油管道年输量 1500 万吨的基础上逐年对华增供原油，考虑到原有中俄原油管道输送能力有限，中石油集团开始建设中俄原油管道二线工程。2017 年 11 月 12 日，中俄原油管道二线工程全线贯通，承接合同中增供的 1500 万吨俄方原油。

通过中俄双方在能源领域长期有效的合作，中方缓解了能源进口压力，弥补了能源需要造成的缺口，俄方缓解了欧美制裁对其造成的资金紧张困境，对于中俄双方是一个互利共赢的结果。

3.3.2.2　天然气合作

目前，俄罗斯仍处于发达国家的制裁之下，俄罗斯希望通过积极开发多元化的资源出口来减弱对欧洲天然气市场的依赖度。从中国方面来看，中国为了应对气候变化和改善大气环境，正在积极优化和完善能源结构，亟须通过清洁能源来调整能源结构，大量进口天然气是未来一段时间的最佳选择，俄罗斯稳定的天然气供应对缓解中国天然气供应不足具有重要的意义。中俄两国在天然气领域的合作是互惠互利的，近年来该领域的合作不断取得新的进展。

2014年中俄两国共同签署了供应期限为30年、总金额达4000亿美元的中俄东线天然气供销合同，中俄东线天然气管道工程项目于2019年12月实现投产，2021年全线投入使用，年供应量达380亿立方米。2017年俄罗斯阿穆尔天然气加工厂投入建设，项目总投资额为13440亿卢布，每年加工生产天然气420亿立方米。俄罗斯亚马尔液化天然气项目也是中俄能源合作的重要内容之一，该项目是全球最大的北极液化天然气项目，也是"一带一路"倡议提出后在俄罗斯实施的首个特大型能源合作项目。亚马尔液化天然气项目第一条生产线于2017年12月投产，第二条和第三条生产线分别在2018年7月和11月投产。该项目总投资额约270亿美元，年生产能力为1740万吨。中石油将从2019年起，每年进口来自亚马尔项目的300万吨液化天然气。可见，在天然气领域，中国将成为俄罗斯重要的合作伙伴和出口市场，中俄天然气合作发展前景潜力巨大。中俄东线天然气合作有利于两国输气管道沿线地区经济的发展，是中俄能源合作互惠互利的重大项目。

3.3.2.3　电力领域的合作

作为中俄两国在能源合作方面的重要项目，电力合作项目可以达到降低能源消耗、推动节能减排的目的，中俄两国正在电力领域积极开展合作。中国在电力资源方面的消耗量巨大，仅北方区域每年需要消耗的电量就高达 9000 亿千瓦时，相当于俄罗斯全国电力的总消耗量，电力资源的合作也将成为中俄两国在能源合作方面的一项重要内容。中俄两国于 2006 年 11 月 9 日共同签署《中国国家电网公司与俄罗斯统一电力系统股份公司关于从俄罗斯向中国供电项目第一阶段购售电合同》，合同规定了中俄两国在电力合作上的共同目标与内容，对电力输送方式、规模及价格等方面做了明确规定。俄罗斯统一电力系统股份公司已经启动实施计划，根据该计划，俄罗斯电力公司将在中俄两国的相邻边境上建设多所火力发电站，这些发电站的年发电量将达到 600 亿千瓦，比俄罗斯远东地区现有的发电总量多出 1 倍。此外，由俄罗斯向中国输送电力资源的大型电力网络已经开始开工建设，中俄就从东西伯利亚伊尔库茨克州布拉茨克电站向中国供电的项目达成协议。据规划，由伊尔库茨克州布拉茨克输送到中国的高压输电项目，全长约 2600 公里，造价将近 15 亿美元，建成后，该项目每年可向中国输出 180 亿千瓦时的电力资源，届时西伯利亚现有的发电站可满负荷运转，有效利用发电设备。在未来的发展过程中，俄罗斯对中国的电力供应会不断加大，中俄两国在电力合作方面将向更深的层次发展。

3.3.3 拓展两国政府间金融合作

随着中俄全面战略协作伙伴关系的发展，金融合作已经成为两国的重要合作领域，两国越来越重视金融领域的合作与发展，签署了诸多金融合作框架协议。两国中央银行早在 1996 年底就签署了合作协议，2002 年 8 月又签署了《关于边境地区贸易的银行结算协定》。2017年3月，中国工商银行在莫斯科正式启动跨境人民币结算业务，对促进双方贸易的发展起到了积极的作用。2017年5月，俄罗斯中央银行在中国的代表处正式挂牌成立，该代表处对两国中央银行及两国金融机构的交流与合作具有重要作用。2017年11月，两国中央银行续签了有效期为3年的双边本币互换协议，协议规模为1500亿元。2018年以来，中俄货币互换额快速增长，根据俄罗斯莫斯科交易所的数据，2018年前10个月中俄货币互换额度达到9430亿卢布，约是2017年（6287亿卢布）的1.5倍。中国银行间市场购买卢布的人民币业务量也快速增长，2018年前三季度增幅高达53%，达到49亿元。

目前，面对欧美发达国家的经济制裁，俄罗斯加快与中国开展金融合作的步伐。2015年10月，中俄金融联盟在哈尔滨市成立。截至2018年底，成员单位已从初始的35家增加到70家（中方33家，俄方37家）。该联盟由哈尔滨银行与俄罗斯资产规模最大的俄罗斯联邦储蓄银行牵头成立，属于非营利、开放式跨境金融合作组织，两国金融机构在该平台下从事信息交流、代理行关系建立、双边本币结算及现钞业务、国际贸易及信保融资、银团贷款、中俄地方基础设施建设项目融资以及在全球市场交易业务等领域开展广泛合作。近年来，中俄金融深度合作意愿强烈，哈尔滨银行作为中方主席单位，已成功牵头合作4项跨境融资业务，总金额折合人民币126.6亿元，累计签署40多项合作协议，内容涉及本币结算、资金清算、外汇交易、电子银行等领域。目前，中俄金融联盟已成为两国商业银行间业务合作的重要平台。

2018年1月，上海场外大宗商品衍生品协会与俄罗斯圣彼得堡国际商品原料交易所签署合作备忘录，双方将建立定期会晤机制，共同搭建"中俄大宗商品"企业交流平台，加强中俄金融基础设施在大宗商品现货及衍生品领域的互联互通。2018 年 4 月 23 日，上海黄金交易所与莫斯科交易所签署合作备忘录，备忘录提出为中国和俄罗斯贵金属市场提供产品信息共享，组织关于黄金市场主题的联合会议、培训和人员交流，并寻找商业合作机会。目前，俄西远的一些能源项目面临资金短缺的困境，中国企业可通过股权投资和设立合作投资基金，积极参与上中下游全产业链的能源项目运作，同时俄罗斯能源企业通过与中方的股权合作，能够快速进入中国市场，与东北亚国家建立可靠的联系。

目前，双方在金融领域的合作基础还较为薄弱，两国将借助丝路基金、亚洲基础设施投资银行、东北亚进出口银行联盟和上海合作组织银联体等各种机制平台，促进双边本币结算，两国在金融领域的合作将得到更加深入的发展。

3.3.4　基础设施合作

3.3.4.1　北极开发合作

2017 年，习近平主席访问莫斯科期间，中俄双方正式提出开展北极航道合作，共同打造"冰上丝绸之路"。目前，中俄两国就北极开发的合作已取得积极进展，两国交通部门就《中俄极地水域海事合作谅解备忘录》展开研讨，亚马尔液化天然气项目也在北极地区有序推进。2018 年 1 月 26 日，中国发布《中国的北极政策白皮书》，白皮书明确表达了"中国是北极的利益攸关方"，中国将积极参与北极治理，维护各国在北极的共同利益，推动北极的可持续发展。

3.3.4.2　修建跨境大桥

同江中俄铁路大桥和黑龙江大桥是连接俄罗斯远东与中国东

北的两座跨境大桥，目前两座跨境大桥的修建取得积极进展，黑龙江大桥预计于 2020 年投入运营，同江中俄铁路大桥将于 2021 年竣工。这两座大桥建成后，将极大地改善两国运输条件，提高中俄两国互联互通水平，促进毗邻地区经贸合作的发展。同江中俄铁路大桥位于中国黑龙江省同江市与俄罗斯下列宁斯阔耶之间，采用套轨，兼顾了两国不同铁轨的宽度，保证中俄两国的火车均能在桥上正常行驶。大桥建成后，年过货能力达 2100 万吨，连接中国东北铁路网与俄罗斯西伯利亚铁路，大大降低了两国企业的运输成本。黑龙江公路大桥位于中国黑河与俄罗斯布拉戈维申斯克之间，大桥建成后预计年客运量将达到 140 万人次，货运量将达 300 万吨，两国还将筹备建立临桥、临港经济区，在大桥国际共管段建立跨境经济合作区，加快对外开放。

3.3.5 深入开展农业合作

中国气候条件适宜农作物生长，农产品种类繁多，但耕地相对不足。俄西远幅员辽阔，耕地面积大，土地肥沃，水资源丰富，但农业劳动力相对不足。中俄两国在农产品的供给与需求方面具有较强的互补性，因此中俄两国在农业领域的合作越来越受到重视。

俄罗斯是食品和农产品出口大国，自欧美国家对俄罗斯实施经济制裁以来，农业一直是俄罗斯经济发展的一个亮点。近 3 年来，俄罗斯农业在俄罗斯经济下滑的大背景下逆势增长，为缓解经济危机带来的负面影响发挥了积极的作用。与此同时，俄罗斯农产品和农机设备的出口竞争力不断提升，在世界农业领域的国际影响力逐步提高。

随着中俄区域经济合作的不断发展，中俄区域农业合作从过去的单一贸易合作向投资与技术相结合的新型农业合作转变，是两国目前极力扶持的大项目。2015 年 5 月，中国黑龙江省与中俄投资基金、俄罗斯直接投资基金签署成立中俄农业投资基金（基金总额达 20 亿美元），专项用于中俄两国农业项目建设。2015 年 10 月，"第七届中国企业对外投资合作洽谈会"在北京举行，会上中国国际经济合作投资公司、亚粮资本控股有限公司和亚粮国际商贸有限公司等六家公司共同成立了"亚太粮食产业发展基金"（简称亚粮基金）。该基金旨在吸引更多的社会资本参与到中俄农业合作中，是一家私募基金。随着"一带一路"倡议和"十三五"规划的制定与实施，亚粮基金将会发展成为中国国内第一家专口针对"一带一路"的粮食产业发展基金。

此外，2014 年，中国中粮集团收购了俄罗斯"诺贝尔集团"和荷兰的尼德拉粮食集团，成功进入俄罗斯农产品市场。2016 年 5 月 3 日，俄罗斯农业部长访华期间，提出了成立中俄农业领域商务理事会的建议。这种方式无疑将提高中俄区域农业合作的发展水平，有利于双方农业企业的快速发展。

中国东北地区是国内重要的粮食和农副产品生产基地，与俄西远地区进行农业合作，可以充分发挥和利用东北地区的农业技术、资源优势，进一步加快东北地区的农业发展，对于推动中俄两国农业合作发展具有非常重要的意义。2018 年以来，中俄农业合作稳步发展，成为双边贸易最大的新增长点。中国企业积极参与俄远东地区的农业开发，开展种养加一体化农业合作项目，取得了良好的社会效益和经济效益。

3.3.6　贸易和投资合作

近年来，随着俄罗斯东部发展新战略的实施，俄远东地区开发开放力度不断扩大。为了更好地吸引外资，提高远东地区的市场竞争力，俄联邦政府先后宣布建立了 18 个超前经济发展区，并成立了符拉迪沃斯托克自由港，在经济特区和自由港实施投资 5 年内免征财产税、土地税和进口海关税等一系列的优惠政策。2017 年 11 月 9 日，俄罗斯又发布了《对在远东联邦区大型投资项目延长税收优惠的法律》。法律规定，在超前经济发展区和自由港内，对于投资额超过 5 亿卢布的大型投资项目，可以适当延长利润税的优惠期限。

4 俄西远经济发展展望

4.1 俄西远总体经济发展趋势展望

4.1.1 GDP

2018 年俄罗斯 GDP 增长了 2.3%，创 6 年来的最高纪录。世界银行预测，在欧美对俄罗斯制裁的背景下，俄罗斯的经济难以摆脱持续的不利外部环境，短期内无法改变对资源型经济的依赖，经济复苏将是一个漫长且艰难的过程。国际金融机构预测，2019 年俄罗斯 GDP 增速将放缓至 1.3% ~ 1.5%。

4.1.2 物价

2018 年俄罗斯 CPI 增长 4.05 个百分点，俄罗斯中央银行预计 2019 年 CPI 增长 3.5 ~ 5.5 个百分点。俄罗斯中央银行仍以低通货膨胀为货币政策调控目标，以高利率促进居民增加储蓄存款，促进金融部门的发展投资项目。但较低的通货膨胀率往往伴随着经济增长的放缓，高利率将会抑制经济复苏，导致经济长期停滞。长远来看，随着通货膨胀水平下降，俄罗斯中央银行将会降低利率，实施中性或温和的货币政策。

4.1.3 就业和收入

俄罗斯联邦统计局的数据显示，2019 年俄罗斯的失业人口将达 350 万人，失业率将达 4.6%。未来，俄罗斯劳动力数量将逐年缩减，政府计划通过延迟退休增加劳动力供给，来解决相关问题。考虑到经济增速缓慢，预计 2019 年俄罗斯人均年收入与 2018 年相差不大，和 GDP 的增速趋于一致。

4.1.4 对外贸易和投资

中俄经贸合作长期向好的趋势没有改变，无论在能源化工、农业、林业、航空航天、装备制造等传统领域，还是电子商务、科技创新、生物医药、旅游业等新兴领域的合作，都在持续推进。2019 年中俄贸易还将出现新的增长点，中俄贸易额将以 28%~30% 的速度增长，双边贸易有望提升 30% 至 1300 亿美元。

近年来，中俄两国的投资合作不断向前推进，投资主要分布在采矿业、农林牧渔业、制造业、批发零售业、租赁和商务服务业、金融业等领域。虽然俄罗斯经济衰退对中国在俄罗斯投资企业带来一定影响，但投资项目都在有条不紊地向前推进。中资企业充分利用远东地区设立超前发展区和符拉迪沃斯托克自由港等契机，与俄罗斯在农业、化工、建筑业、原材料加工等领域开展合作。中国企业还尝试采取股权收购和特许经营权经营等新的投资方式参与能源项目运作。

4.2 我国与俄西远经济合作的展望

我国东北地区与俄西远的区域经济合作需要相互促进、协同发展。双方的合作对于促进东北亚区域经济合作的深化、推动东北亚区域经济一体化进程具有重要意义。合作领域不断扩大，由单一的边境贸易为主提升为以投资和产业合作为主，地区经济合作水平得到提升。

中俄两国将在"一带一路"建设框架下，以基础设施建设为基础，以互联互通为目标，发展交通运输网络，逐步改变东北亚地区的经济地理和交通运输格局，促进东北亚地区的物流和人员密切来往，中国东北地区和俄西远的联系将更加紧密，为促进东北亚区域经济合作奠定基础。

为了摆脱对欧洲能源市场的依赖，俄罗斯正通过能源合作吸引中国、日本和韩国的资金和技术，加快在俄西远的油气管道铺设和能源加工业等基础设施的建设，以此扩大能源开发出口规模，抢占东北亚其他国家能源消费市场。同时，俄罗斯在远东地区建设能源化工综合体，成为该地区向亚太国家出口石油和石化产品的基地。俄罗斯正在铺设"东西伯利亚—太平洋"原油运输管道和"西伯利亚力量"天然气干线管道，向中国和其他亚太国家大量出口能源。中国还积极参与了亚马尔天然气项目和阿穆尔天然气加工厂开发与运营，与俄罗斯共同开发和利用北极航道。

未来，中俄双方的合作范围还是相当广泛的，除了石油天然气化工业、固体矿藏开采，运输和物流、农业、林业、水产养殖和旅游业等方面也有较大的潜力。

[中国农业银行（莫斯科）有限公司　陈海林]

分报告三

2019 年韩国经济发展报告

1 韩国的经济地位

1.1 GDP

韩国 GDP 为 1.62 万亿美元，占亚洲的 5.12%，比上年下降 0.07 个百分点；占世界的 1.90%，比上年下降 0.01 个百分点。[①]

1.2 人口、就业和收入

韩国人口为 0.51 亿人，占亚洲的 1.12%，占世界的 0.67%。

韩国失业率为 3.8%，比世界平均水平低 1.2 个百分点。

韩国年人均收入为 31657 美元，比世界平均水平高 20476 美元，高 183.13 个百分点[②]。

1.3 土地

韩国土地面积为 10.3 万平方公里，占亚洲的 0.22%，占世界的 0.07%。

1.4 进出口贸易总额

韩国进出口贸易总额为 13598.71 亿美元，占亚洲的 7.23%，比上年下降 0.14 个百分点；占世界的 2.75%，比上年下降 0.04

---

① 资料来源：UNCATD。
② 资料来源：世界银行、韩国中央银行。

个百分点。出口贸易总额为 7220.38 亿美元，占亚洲的 7.49%，比上年下降 0.11 个百分点；占世界的 2.89%，比上年下降 0.03 个百分点。进口贸易总额为 6378.33 亿美元，占亚洲的 6.97%，比上年下降 0.15 个百分点；占世界的 2.61%，比上年下降 0.03 个百分点。[①]

1.5 国际投资

韩国国际投资总额为 583.63 亿美元。[②]

1.6 韩国与东北亚四国国际贸易

韩国对中国的贸易总额为 2686.14 亿美元，占亚洲的 42.71%，比上年提高 0.73 个百分点；占世界的 23.56%，比上年提高 0.75 个百分点。对中国的出口总额为 1621.25 亿美元，占亚洲的 42.52%，比上年提高 0.5 个百分点；占世界的 26.80%，比上年提高 2.03 个百分点。出口产品以存储半导体为主，占 24.67%；其次是其他设备、器具和仪器，占 4.32%。对中国的进口总额为 1064.89 亿美元，占亚洲的 43.01%，比上年提高 1.09 个百分点；占世界的 19.90%，比上年下降 0.55 个百分点。进口产品以存储半导体为主，占 9.59%；其次是蜂窝网络或其他无线网络的电话，占 3.07%。顺差为 556.36 亿美元。

韩国对日本的贸易总额为 851.33 亿美元，占亚洲的 13.54%，比上年下降 0.79 个百分点；占世界的 7.47%，比上年下降 0.32 个百分点。对日本的出口总额为 305.29 亿美元，占亚

---

① 资料来源：UNCTAD。
② 资料来源：世界银行、UNCTAD。

洲的 8.01%，比上年提高 0.08 个百分点；占世界的 5.05%，比上年提高 0.38 个百分点。出口产品以润滑油为主，占 8.81%；其次是轻质油及制剂，占 7.69%。对日本的进口总额为 546.04 亿美元，占亚洲的 22.05%，比上年下降 1.56 个百分点；占世界的 10.20%，比上年下降 1.32 个百分点。进口产品以用于制造半导体器件或电子集成电路的机器和设备为主，占 7.04%；其次是处理器和控制器、转换器、逻辑电路、放大器、时钟和定时电路或其他电路组合，占 3.52%。逆差为 240.75 亿美元。

韩国对俄罗斯的贸易总额为 248.25 亿美元，占亚洲的 3.95%，比上年提高 0.62 个百分点；占世界的 2.18%，比上年提高 0.38 个百分点。对俄罗斯的出口总额为 73.21 亿美元，占亚洲的 1.92%，比上年下降 0.12 个百分点；占世界的 1.21%，比上年提高 0.01 个百分点。出口产品以容量超过 1500 毫升但不超过 3000 毫升的汽缸为主，占 22.09%；其次是机动车辆用未列名零件，占 8.89%。对俄罗斯的进口总额为 175.04 亿美元，占亚洲的 7.07%，比上年提高 1.91 个百分点；占世界的 3.27%，比上年提高 0.75 个百分点。进口产品以从沥青矿物、原油中提取的石油为主，占 33.42%；其次是轻质油及制剂，占 20.28%。逆差为 101.83 亿美元。

韩国对蒙古国的贸易总额为 3.35 亿美元，占亚洲的 0.05%，比上年提高 0.01 个百分点；占世界的 0.03%，比上年提高 0.01 个百分点。对蒙古国的出口总额为 3.08 亿美元，占亚洲的 0.08%，比上年提高 0.01 个百分点；占世界的 0.05%，比上年提高 0.01 个百分点。出口产品以从沥青矿物中提取的石油为主，占 7.47%；其次是空载重量超过 15000 公斤的飞机，占 6.82%。对蒙古国的进口总额为 0.27 亿美元，占亚洲的 0.01%，比上年提高 0.004 个百分点；占世界的 0.005%，比上年提高 0.002 个百分点。进口产品以钼矿及精矿（焙烧除外）为主，占 27.31%；其次是铜矿砂及其精矿，占 17.78%。顺差为 2.81 亿美元。

2　韩国经济发展形势

2.1　GDP

韩国 GDP 增长 2.70%，比上年下降 0.36 个百分点。投资下降 2.2%，比上年下降 10.8 个百分点，对 GDP 的贡献度为 31.1%。消费增长 3.5%，比上年提高 0.7 个百分点，对 GDP 的贡献度为 63.4%。净出口增长 4.2%，比上年提高 21.7 个百分点，对 GDP 的贡献度为 5.4%。

2018 年韩国 GDP 增长率有所下降，是因为消费和出口的强劲增长被投资的下降抵消。在投资项中，建筑投资较上年同期减少 4.0%，建筑施工下滑，工程建设持续低迷。制造业的生产在 2017 年显示出了最大的增长规模，2018 年却呈现下滑趋势。服务业增速为 2.8%，略高于 2017 年的 2.1%。按行业分类，除运输、仓储和商业服务外，几乎所有行业都出现了加速增长。

2.2　物价

韩国 CPI 为 4.45%，比上年提高 1.52 个百分点。PPI 为 3.48%，比上年提高 1.91 个百分点。M_2 增长 6.30%，比上年提高 1.1 个百分点。

韩国通货膨胀在 2018 年超过了中央银行设定的 2% 的目标，物价出现了缓和上涨。按项目来看，主要是石油价格和农产品价格上涨引起的。

2.3　就业与收入

韩国失业率为 3.8%，比上年提高 0.1 个百分点。

韩国年人均收入增长 2.33%，比上年降低 0.29 个百分点。

韩国就业形势总体趋弱，就业人数增速较 2017 年大幅下降。这主要是由于一些行业的业绩不佳和结构调整，但结构因素，例如工业和人口结构的变化，似乎也起了很大的作用。尤其是在建筑业，就业增长由于周期性调整而下降。韩国就业人数增速大幅下降，就业率比上年下降 0.1 个百分点，失业率上升 0.1 个百分点。

2.4　国际贸易

韩国进出口贸易总额增长 8.23%，比上年下降 4.47 个百分点。出口贸易总额增长 8.12%，比上年下降 1.93 个百分点。进口贸易总额增长 8.35%，比上年下降 7.51 个百分点。

2018 年韩国经常账户盈余 764 亿美元。由于需求稳定和国际油价上涨，石油和化工产品的出口急剧增加。在资讯科技产品方面，半导体及电脑的出口大幅上升，主要资讯科技公司对数据中心的投资也不断增加，无线通信设备和显示面板的出口有所下降。

2.5　国际投资

国际投资下降 22.97%，比上年下降 18.79 个百分点。

分产业来看，韩国的外国直接投资集中在制造业（32.9%）、金融和保险（32.6%）、房地产和租赁（10.2%）、批发零售业（4.9%）和采矿业（4.3%）。按区域划分，韩国对外直接投资主要集中在亚洲（34.1%）、欧洲（23.5%）、北美（22.8%）、拉丁美洲（16.3%）、中东（1.7%）、大洋洲（1.3%）和非洲（0.3%）。按国家和地区划分，韩国外国直接投资的前五名目的地是美国（21.7%）、开曼群岛（12.4%）、中国内地（9.6%）、中国香港（7.0%）和越南（6.4%）。

韩国是小规模开放经济体，投资规模低于世界平均水平。

2.6 韩国与东北亚四国国际贸易

韩国对中国的贸易总额增长 11.93%，比上年下降 1.57 个百分点。对中国的出口总额增长 14.08%，比上年下降 0.13 个百分点。出口产品第一大类增长 42.8%，比上年下降 48.7 个百分点；出口产品第二大类下降 22.2%，比上年提高 3.3 个百分点。对中国的进口总额增长 8.82%，比上年下降 3.69 个百分点。进口产品第一大类增长 23.1%，比上年下降 16.4 个百分点；进口产品第二大类下降 9.1%，比上年下降 59.1 个百分点。贸易顺差增长 25.70%，比上年提高 17.36 个百分点。

韩国对日本的贸易总额增长 3.90%，比上年下降 10.19 个百分点。对日本的出口总额增长 13.85%，比上年提高 3.75 个百分点。出口产品第一大类增长 69.3%，比上年下降 2.7 个百分点；出口产品第二大类增长 79.1%，比上年提高 79.3 个百分点。对日本的进口总额下降 0.95%，比上年下降 17.08 个百分点。进口产品第一大类增长 1.2%，比上年下降 150.2 个百分点；进口产品第二大类增长 14.2%，比上年下降 32.7 个百分点。贸易逆差下降 27.67%，比上年下降 50.1 个百分点。

韩国对俄罗斯的贸易总额增长 30.59%，比上年下降 11.17 个百分点。对俄罗斯的出口总额增长 5.99%，比上年下降 38.84

个百分点。出口产品第一大类增长 54.0%，比上年下降 3.0 个百分点；出口产品第二大类下降 2.6%，比上年下降 54.4 个百分点。对俄罗斯的进口总额增长 45.38%，比上年提高 3.62 个百分点。进口产品第一大类增长 100.5%，比上年提高 50.9 个百分点；进口产品第二大类增长 50.8%，比上年提高 21.9 个百分点。贸易逆差增长 98.38%，比上年提高 65.81 个百分点。

韩国对蒙古国的贸易总额增长 38.02%，比上年提高 27.01 个百分点。对蒙古国的出口总额增长 34.65%，比上年提高 25.03 个百分点。出口产品第一大类增长 10.0%，比上年下降 8.2 个百分点；出口产品第二大类的产品统计数据不详。对蒙古国的进口总额增长 92.86%，比上年提高 52.86 个百分点。进口产品第一大类增长 200.3%。贸易顺差增长 30.84%，比上年提高 22.76 个百分点。

从对外贸易数据来看：第一，与韩国的贸易增速由快及慢，依次是蒙古国、俄罗斯、中国和日本。蒙古国和俄罗斯可能由于经济体量较小，增速达到较高水平。中国一直以来是韩国最大的贸易伙伴之一，仍能保持 10% 以上的贸易增速，可见中韩双方在 2018 年依旧保持着紧密的贸易联系。第二，2018 年韩国与东北亚各国的贸易产品与 2017 年相似，对中国出口仍以存储半导体为主，对日本的出口仍以石油为主，对俄罗斯的出口仍以汽车为主，对蒙古国的出口仍以石油为主，说明东北亚各国经贸往来的内容变化不大，同时说明在东北亚地区，韩国的比较优势是石油化工业和半导体行业。此外，相较于其他国家贸易产品以生产资料为主，韩国对俄罗斯的出口依旧集中于汽车及其零配件等消费品，进一步证明了俄罗斯经济可能依旧低迷。第三，从出口量较大的两类产品占比来看，韩国对中国出口的第一大类存储半导体占 20% 以上，第二大类仅占 4%，说明我国对韩国半导体产品的需求量很大；韩国对日本的出口两大类产品占比在 8% 左右，对蒙古国的出口两大类产品占比在 7% 左右，说明日本和蒙古国对韩国的进口品类更丰富，对某一行业的依赖并不严重；韩国对俄罗斯出口的第一品类汽缸占 22% 以上，说明俄罗斯对韩国汽车行业的需求仍旧很大。第四，韩国对中国的出口主要来自存储半导体出口的增加，对中国进口的增长也主要来自第一品类存储半导体的增长，这说明在存储半导体行业，中韩两国各有所长、各有所需，该行业的发展对中韩经贸发展具有重要影响。韩国对日本的进出口增速都是以第二大类产品为主导，说明半导体器件在韩日贸易中的影响越来越大。韩国对俄罗斯的进出口增速也是以最大品类汽车配件和石油为主，说明二者在韩俄贸易中具有重要作用。第五，与 2017 年一样，韩国对日本和俄罗斯是逆差，对蒙古国和中国是顺差，说明在东北亚地区内部，韩国净出口对经济增长的贡献主要来源于中蒙，因此与中蒙建立良好的合作关系，对韩国经济良性增长大有裨益。

3 韩国经济发展评价

3.1 对韩国经济形势的评价

3.1.1 韩国国内官方对韩国经济形势的评价

3.1.1.1 实体经济

在经济增长方面，根据韩国中央银行发布的年度报告，从需求构成来看，消费增速加快。投资方面，由于 2017 年 IT 行业投资集中调整，设施投资同比下降 1.6%，但是以研发投入为主的知识产权产品投资同比增长 1.9%。净出口方面，船舶、汽车、无线通信等产品出口疲软，石油、化工、机械等产品出口强劲。韩国和中国在美国部署导弹防御系统的问题上发生对峙后，中国游客数量曾大幅下降，但随着此后中国游客数量的增加，服务出口（主要是旅游服务）出现回升。从部门构成来看，服务业尤其是卫生和社会工作 2017 年之后继续呈现高增长趋势。

工资和就业方面，由于汽车、造船部门的业绩不佳和结构调整，制造业的就业人数继续下降。随着制造业就业放缓蔓延至相关服务行业，以及外国游客数量复苏缓慢，服务业就业人数增速明显下降。从就业状况来看，固定就业人数持续稳定增长，而每日用工人数下降。覆盖 15～29 岁人群的青年失业率下降了 0.3 个百分点，这是由 20 多岁的年轻人推动的。

物价方面，房屋销售价格同比上涨 1.1%，涨幅比上年有所回落。首尔与其他地区之间的差距全面显著扩大。

经常账户方面，由于国内公司越来越倾向于支付股息，主要收入账户的盈余规模缩小，而次要收入账户的赤字扩大。进口方面，进口清关货物总值达 5352 亿美元，比上年增长 11.9%。2017 年之后，海外建筑订单的下滑略有改善，而制造业服务账户的赤字有所扩大，建筑账户扩大了其盈余幅度。

3.1.1.2　虚拟经济

2018 年底，3 年期国债收益率为 1.82%，远低于 2017 年底的 2.14%。2018 年 8 月之后，在国内就业指标疲软的条件下，该指数继续下滑。9 月中旬之后，由于国内基本利率上调的预期，该指数小幅回升。受全球经济增长放缓、韩国经济指标疲弱及国债发行量减少等因素的影响，10 月中旬以来，国债收益率不断下滑。在波动幅度有限的情况下，9 月中旬，91 天期货币稳定债券收益率转为正值，原因是市场预计基准利率将上调。此外，公司债与韩国公债利差收窄，特别是非优质债券，因公司债利率表现良好，市场对公司债的需求保持稳定。

银行存贷款利率（新采取的基准利率）在有限范围内波动，随后在第四季度由于基准利率上调而上升。然而，由于基于卡塔尔银行定期存款而投资于资产支持商业票据（ABCP）的金融工具的赎回，货币市场基金（MMFs）的存款有所下降。与此同时，信用合作社等非银行存款机构吸收存款的增长保持了上升趋势，因为它们的利率继续发挥作用。

相比之下，受贷款监管收紧、与预售公寓中间付款相关的现有贷款赎回增加及增速放缓的影响，非银行存款机构的家庭贷款增速大幅下降。2018 年 10 月，受美国国债收益率上升和全球股市暴跌推动，美元兑韩元汇率升至 1140 的水平。与此同时，日元兑韩元（每 100 日元）汇率因日元升值而上升，也与投资者对安全资产的偏好增强、对中美贸易争端的担忧和全球股市放缓有关。

3.1.2　IMF 对韩国经济形势的评价

2018 年韩国经济形势呈现如下特征。

第一，2018 年经济失去了动力。2018 年 GDP 增长 2.7%，低于 2017 年的 3.1%。这种疲软是由设备和建筑投资的收缩造成的。全球贸易（尤其是半导体）放缓，削弱了设备投资，而成熟的建设周期和遏制家庭债务增长的措施，导致了建筑投资的下降。在提高最低工资和增加转移支付的支持下，私人消费增长依然强劲。政府消费加速，但是，总的财政政策是紧缩的。截至第三季度，出口增长相对稳定，但在第四季度（季度环比）出现负增长，原因是贸易紧张和中国经济增长放缓。

第二，就业市场疲软。2018 年，就业增长从 2017 年的 1.2% 降至 0.4%，这主要是由于私营部门就业增长乏力。失业率为 3.7%，接近近年来的平均水平，但在劳动力市场之外的气馁求职者明显增加——同比增长 7.5%。2018 年，青年失业率为 10.5%，比上年高 0.2 个百分点。劳动力市场的疲软在低生产率部门和低技能工人中尤为严重，这可能反映了经济增长势头放缓和 2018—2019 年最低工资的大幅上升。

第三，尽管出现了短暂的通货膨胀，但通货膨胀率仍然很低，主要是由于能源和食品价格上涨，韩国中央银行只在 2018 年底才暂时实现了 2% 的通货膨胀目标。自 2012 年以来，除了几个短期内，韩国的通货膨胀率一直低于韩国中央银行设定的通货膨胀目标。

第四，经常项目顺差虽然有所收窄，但规模依然较大。2018年经常账户盈余占 GDP 的比重为 4.7%，低于 2017 年的 4.9%。一方面，商品出口增速低于进口增速，投资收入减少，职工薪酬赤字下降。另一方面，由于部分内地访港旅客人数回升，服务平衡得以加强。经常账户盈余下降的原因是储蓄率下降幅度大于投资占 GDP 的比例。

第五，流入债券市场的资本一直很有弹性，而股价已得到修正。尽管 2018 年第二季度和第三季度全球金融市场波动加剧，但与上年相比，投资组合资金流入增长了约 21%，达到211 亿美元。这一增长反映了资本流动构成的变化，在波动性加大的情况下，流入韩国债务证券的资金激增，超过了投资组合股票的流出。尽管韩元不被视为避险货币，但这一事件暗示对韩债证券的需求偶尔存在避险模式，这有助于减轻韩元的压力；相反，投资组合股票的资金外流导致 2018 年股价出现了约 20%的回调。

第六，对外汇市场的干预似乎有限。2018 年外汇储备增加140 亿美元（4%），年末达到 3990 亿美元（占 GDP 的 24.6%）。然而，净干预估计是有限的，现货干预（增加储备）大致抵消了远期头寸的变化。根据官方公布的数据，韩国在 2018 年净卖出1.87 亿美元，包括现货市场和远期市场。外汇干预似乎仅限于应对混乱的市场状况。自 2013 年以来，韩元一直处于逐渐升值的趋势，其实际升值幅度接近 1%（2018 年的平均升值幅度与 2017 年的平均升值幅度相比）。

第七，2018 年韩国的外部地位比中期基本面和理想的政策环境所保证的要稍强一些。经常项目赤字占 GDP 的 0.7%~2.7%。

这反映了过度的储蓄，包括出于预防目的的储蓄，以及相对疲软的私人投资。

第八，家庭贷款增速放缓，但家庭债务风险依然存在。2018 年第四季度，家庭信贷同比增长 5.8%，低于 2017 年同期的 8.1%。非银行金融机构发放给家庭的贷款大幅放缓，信贷增速从上年同期的 8.7% 降至 3.1%。这些情况反映出在实施更严格的监管之后，信贷需求正在减弱，信贷供应也在减速。尽管如此，家庭债务与可支配收入的比率从 2017 年底的 159.8% 上升到 2018 年第三季度的 162.1%。约 69% 的未偿家庭债务实行浮动利率。不过，家庭贷款的增加主要用于积累资产，帮助维持资产负债表的强劲。全国房价增长保持稳定，并与隐含的长期基本面保持一致，但在 10 月之前，某些地区的房价继续大幅上涨。企业部门的银行信贷增长温和，约为 5 倍；相反，非银行金融机构向企业房地产相关活动发放的贷款增长更为强劲，仅略高于 30%，这可能反映出贷款从家庭转向企业，以规避审慎监管。2018 年，无担保银行贷款占总贷款的比例下降约 1 个百分点至 29.9%。整体企业杠杆率仍维持在 GDP 的 101% 左右，建筑业和航运业的杠杆率明显更高。房价突然出现不利调整或房地产需求走软，可能会导致建筑相关贷款拖欠率上升。

第九，整体财务状况为中性。由员工编制的财务状况指数（financial conditions index）显示，2018 年底财务状况基本保持不变。该指数通常衡量获得新融资的难易程度。2018 年，信贷与 GDP 之比为负。然而，压缩的风险溢价增加了全球环境中微小变化引发金融市场过度反应的可能性。虽然家庭杠杆率持续增长，但整体金融状况面临的风险依然可控。

3.1.3 本报告对韩国经济形势的评价

3.1.3.1 实体经济

在经济增长方面，受以建筑施工为核心的持续调整趋势影响，韩国建筑行业生产同比下降 4.2%。

在工资和就业方面，由于个体工商户的萧条，非工资工人的数量也有所下降。但是，从就业年龄结构来看，60 岁及以上的雇员人数显著增加，维持上年的上升趋势。2018 年名义工资增长 5.3%，高于 2017 年。特别是在普通工人中，由于工资支付的加速增长和奖金支付的显著上升，工资增长率要高得多。尽管劳动生产率有所提高，但单位劳动力成本（不包括农业、林业和渔业）的增长率加快，因为最低工资的提高导致每小时名义工资飙升。

在物价方面，2018 年居民消费价格年均上涨 1.5%，低于上年同期水平。与 2017 年相比，工业产品价格涨幅略有下降，这是受国际油价下跌和四国燃油税下调导致的成品油价格上涨小幅放缓的影响。尽管个人服务价格持续上涨，但由于住房租金和公共服务价格增速放缓，总体服务通货膨胀较 2017 年有所下降。2018 年，核心通货膨胀率（不包括食品和能源的 CPI）从 2017 年的 1.5% 降至 1.2%。房价上，在首尔市区，由于投资需求的增长与对未来房价上涨的预期一致，住宅销售价格呈现上升趋势，而在其他地区，由于住房供应和瑞吉的扩张，销售价格下降。

经常账户方面，尽管与 2017 年相比，商品账户盈余有所减少，但由于服务账户赤字下降，韩国保持了顺差趋势。受国际油价上涨的推动，原油、天然气等原材料进口大幅增长。消费品进口大幅增长，以直接消费品和非耐用品为主。由于外国游客，特别是来自中国和日本的游客的增加，旅游账户赤字的规模有所缩小。

3.1.3.2 虚拟经济

证券市场方面，长期市场利率下降，导致银行存贷利差下降，贷款利率的上升受到限制。韩国综合股价指数（KOSPI）大幅下跌，主要是受外部因素影响。在与朝鲜相关的地缘政治风险出现反弹后，5 月由于美国的紧张局势升级，韩国经济再次大幅下滑。由于对中美贸易争端的担忧加剧及全球股价暴跌，下半年韩国股市表现出波动，跌至 1996 年 10 月以来的最低水平。2017 年 12 月，受美国股市大幅下跌的影响，KOSPI 再次下跌，但跌幅相对有限。2018 年收于 2041 点，较 2017 年底下跌 17.3%。科斯达克指数也随着 KOSPI 指数出现下跌，同样受到外部风险因素的影响。与此相对应，该指数 2017 年以 676 点结束，比上年底下降了 15.4%。

银行贷款方面，企业贷款增速比 2017 年有所扩大。尽管面向中小企业的贷款有所下降，但银行对企业贷款的增长幅度在 2017 年有所扩大。由于对营运资本的需求增加，银行对大型企业的贷款有所上升。与 2017 年相比，非银行金融机构的企业贷款略有增长。与此同时，住房贷款增速低于 2017 年。由于韩国住房金融公司（Korea Housing Finance Corporation）的政策抵押贷款供应萎缩，其他金融机构对家庭的贷款增长幅度也出现收窄。

汇率方面，美元兑韩元汇率年初跌至 1054.2 韩元，受美元走弱、韩国经济持续增长、朝鲜相关风险缓解等因素影响，4 月中旬以后保持稳定。虽然国际金融市场波动，如全球股票价格的波动继续扩大，但美元兑韩元汇率表现稳定，新兴市场经济体的金融市场全年股价及币值均有大幅调整，变得相对稳定。2018 年底，韩元兑美元汇率为 1115.7 韩元，与 2017 年底的 1070.5 韩元相比，韩元兑美元汇率下跌了 4%。2018 年底，韩元兑 100 日元汇率为 1008.8，同比下跌了 5.9%。3 年期的货币掉期利率为 1.14%，与 2017 年底相比下降了 0.43 个百分点，美国国债利率也有所下降。

3.2 韩国经济政策评价

3.2.1 创造就业、提高收入

2018 年，韩国政府创造了体面的就业机会和加强福利，推动收入导向型增长。

第一，政府修订对刺激私营部门创造体面就业的支持。改革对外国投资和回流企业的激励措施以促进就业和刺激新产业，并为雇用更多员工（包括试图在产假后重返工作岗位的女性）的中小企业提供税收优惠。

第二，完善青年就业服务。开展中小企业与青年求职者对接的各类项目，如为中小企业雇主和求职者建立数据库系统，为中专毕业生开展就业培训，帮助其在海外就业。政府通过先期预算支出，尽快增加公共部门就业。

第三，提高国民收入。首先，提高最低工资：顺利开展最低工资支持，完善最低工资制度，修改所得税抵免等福利待遇，以体现最低工资支持的效果。其次，保护员工：修改未付工资的规定，使员工更容易领取未付工资（员工可以在延迟支付 2 个月后领取未付工资，比目前的 7 个月有所减少），并加强对未付工资的监管。再次，促进大企业集团、中小企业和员工之间的合作：

建立合作与利润分享模式，采取税收等激励措施促进合作，增加大企业集团—中小企业合作基金，鼓励大企业集团扩大与非关联企业的合作，制定中长期路线图，完善评估体系，如果有好的榜样，就给予企业更多的激励。最后，建立绩效工资制度：针对不同的工作制定不同的绩效考核标准，为男女同工同酬提供指导。

第四，确保工作与休息的平衡。逐步减少工作时间，支持可能随之而来的降薪，并促进休年假，如两周的暑假。

第五，在住房、医疗、教育、交通和通信五个方面减轻生活费用的负担。住房方面，增加公屋租金；医疗方面，扩大国民健康保险涵盖的治疗范围；教育方面，扩大 50% 的学费削减和改善学生贷款计划，以反映借款人未来的收入，并减轻还款负担；交通方面，努力降低公共交通成本；通信方面，引入新的移动计划，降低成本。

第六，增加对低收入家庭的支持。通过增加津贴（如失业津贴占平均工资的比例由 50% 增加至 60%、住房津贴增加 6.5%、教育津贴增加 70%）和增加机会等来加强社会保障网络。

3.2.2　创新推动增长

政府将在经济的各个领域促进"通过创新实现增长"，并将通过旨在引领"通过创新实现增长"的项目努力实现快速和切实的成果。

第一，通过旨在引导"通过创新实现增长"的项目提高韩国人民的收入。增加研发支出和其他财政支持，以开发"通过创新实现增长"的项目。

第二，推动科技创新。推动大数据产业、智能网络发展和人工智能研发。

第三，推动跨行业创新。一是金融方面，发展 KOSDAQ 市场，比 KOSPI 市场更有效地支持创新型中小企业，鼓励养老基金增加对 KOSDAQ 股票的投资，促进基于技术的贷款，而不是基于资产的贷款。二是服务业方面，推动文化内容开发以及旅游、教育、环境技术、医疗卫生和公共服务创新。三是畜牧生产与渔业方面，致力于通过智能设备将生产商和分销商连接起来，提供基于技术的借贷，并为初创企业提供与工厂初创企业同等水平的创业支持。四是新业务方面，发展基于信息技术或其他新技术的商业模式，如智能物流、物联网家电、智能交通和旅游、定制医疗和共享经济。五是中小企业方面，通过国有银行增加金融支持，鼓励中小企业之间的合作。六是创造一个鼓励创新创业的环境，成立一个价值约 2.7 万亿韩元的创新风投基金，促进 KOSDAQ 市场和创新融资，比如以技术为基础的贷款，支持那些失败的公司。

第四，增加人力资源。在中等学校引进以鼓励创造性学习为目标的新项目，修订国家职业培训体系，引进以产业集群为主导的联合培训项目，增加对新员工、小型个体经营企业主、年轻人和试图重返工作岗位的妇女的职业培训支持。

第五，改革劳动力市场，完善规章制度。努力加强管理层和员工之间的合作，采用监管沙盒，在逐个检查后取消或修改那些似乎阻碍创新的规章制度。

第六，鼓励企业开拓新市场，制定新的贸易政策以应对全球贸易的变化。增加对中小企业出口商的支持，为在海外建设基础设施的企业提供资金支持。

3.2.3 促进社会公平

政府纠正不公平做法，促进合作，促进地方经济发展，促进公平，使每个家庭、小企业和省份都能感受到经济增长的成果。

第一，消除不公平行为。加大对不公平行为的处罚力度，出台措施消除对提供商品或服务的承包商、加盟商和分包商的不公平待遇。

第二，改善公司治理。努力引入管理法规，并由国家养老基金和其他机构投资者管理。

第三，促进地方经济发展。在全国范围内发展产业集群，改革地方财政体制，减少对中央政府的依赖。

第四，保护小企业。减少信用卡交易成本的负担，避免小企业成为中产阶级化的受害者。

第五，寻求更公平的税收。从中长期角度进行税收调整，对租金收入征税，审查财产税的调整，增加对工人阶级的收入抵免和其他支持。

第六，改革公共部门，使其更加负责、自愿和创新。修订评估标准，实行同工同酬制度，努力消除任人唯亲。

3.2.4 促进宏观经济稳定

韩国政府的经济政策旨在保持增长势头，并加强风险管理。

第一，增加投资，增加住房、公共安全和城市更新方面的支出。

第二，促进消费，促进旅游业发展（包括 2018 年平昌冬奥会），修订《反贪法》。

第三，让家庭和企业做好加息准备，努力增加固定利率贷款，拓展金融咨询服务，推出针对抵押贷款借款人的售后回租等锻炼计划，扩大公司债券购买计划。

第四，严格管理外部风险，密切监控全球金融市场，将投资者关系会议扩大到中国香港、新加坡和上海的投资者，并应对保护主义和其他与贸易相关的问题，如韩美自由贸易协定和中韩 FTA。

3.2.5　应对中长期挑战

韩国政府努力为未来的变化做好准备，比如低出生率和人口老龄化。

第一，制订中长期计划和财政支出计划。计划中包括四项任务：一是应对人口变化；二是追求产业、科技和教育的创新；三是成功应对全球贸易变化；四是改善分配，增加财政支出以应对社会问题，如日益扩大的收入差距。

第二，通过在不同时期提供反映不同需求的支持来提高出生率。为新婚夫妇提供经济适用房，提供各种日托服务。

第三，促进妇女就业。争取到 2022 年，将妇女就业率提高到 OECD 成员国的平均水平，如鼓励妇女休完产假后重返工作岗位，并取缔对妇女在劳动方面的歧视。

第四，缓解老年人贫困。增加对贫困老年人的国家养老金福利，减少被排除在国家养老金计划之外的老年人数量，通过税收优惠来促进实施私人养老金计划，扩大基本养老金受益人范围，并推动实施反向抵押贷款养老金计划。

3.2.6　财政政策

2018 年财政政策紧缩。韩国结构性预算盈余占 GDP 的比重比 2017 年上升 0.4 个百分点，达到 2.9%。2018 年，净贷款（整合中央政府和社会保障基金账户）盈余占 GDP 的 2.7%，同比增长 0.4%。财政收入的超额表现远远抵消了福利支出的增加，包括通过占 GDP 0.2% 的补充预算来支持青年就业。2017 年营收超预期的主要原因是企业所得税，以及财产税和股票税。自 2016 年以来，尽管韩国政府引入了补充预算，但收入远高于预算的预期，扩大了预算盈余。

韩国企划与财政部贯彻以下三项政策，以充分支持"通过创新实现增长"，应对大刀阔斧的变革，并促进技术的融合。

第一，灵活管理，及时提供支持。一是制定影子法规，引入一个监管沙盒。二是调整公共资金管理计划，以便尽快提供支持。三是在解决问题的过程中，使用技术转移（TFs）。四是把重点放在韩国人民能够直接和迅速感受到成果的项目上：首先，为无人机创造市场（未来 5 年将有 3700 架无人机），包括邮政服务、土地测量、建筑安全检查、疾病控制（比如人工智能控制）和作战机器人等；其次，允许无人驾驶汽车在盘古科技谷（Pangyo Tech Valley）和平昌奥林匹克体育场（Pyeong Chang Olympic stadium）附近的两条道路上行驶。

第二，促进竞争。一是创造了一个生态系统来刺激新的产业和促进创业。筹集了价值 10 万亿韩元的风险资本基金，旨在将风险资本市场转变成一个愿意接受挑战的市场。二是强化安全网建设。结束联合担保，加强失业安全网建设，如失业津贴和职业培训，以帮助那些想在企业关闭后找到工作的人。三是将创新扩展到所有行业，如文化、旅游、教育、环境、医疗和公共服务。例如，文化方面，筹集 1000 亿韩元的内容创作基金，成立了 VR 产业支持中心；旅游方面，帮助发展健康旅游和会展业，鼓励初创企业涉足一种新的旅游服务；教育方面，利用 ICT 提供服务，增加大学生创业资金，在高校中选拔"创新领袖"。

第三，推动合作。一是鼓励企业在产业融合方面共同努力，推动跨部门合作，如联合 TFs 和合作研发项目。二是提高对创新重要性的认识，努力增进感兴趣各方之间的了解，并提高公众的认识。

3.2.7　货币政策

韩国中央银行在 2018 年 11 月将主要政策利率上调了 25 个基点至 1.75%，此后一直保持利率不变。对于 2018 年 11 月的加息，韩国中央银行的理由是金融失衡。随后，韩国中央银行为其维持货币政策不变的决定作出了辩护，指出由于预计通货膨胀压力将保持温和，继续采取宽松的货币政策立场仍然是适当的。

韩国银行致力于国民经济的健康发展、追求物价稳定、注重金融稳定，并有效地建立和实施货币与信贷政策。韩国银行选择通货膨胀目标制作为其货币政策的操作框架，即使在其通货膨胀目标制下，政策决策也是基于对经济增长和金融状况等问题的综合考虑。

在设定通货膨胀目标方面，韩国中央银行根据 2016—2018 年 CPI 同比涨幅，将中期通货膨胀目标设定为 2%。为了使通货膨胀率在很大程度上与中央银行设定的通货膨胀目标保持一致，银行实施了货币政策。这次设定的通货膨胀目标的一个显著特点是，它的适用期限不再明确。这意味着只要没有必要改变目标水平，目标水平就会保持不变。与主要发达国家一样，由于没有规定申请期限，预计韩国体系的稳定性和可信度将会提高，预期通货膨胀率将更坚定地固定在 2% 的目标水平上。最终，一个良性循环将会扎根：增强系统稳定性→稳定预期通货膨胀→稳定实际通货膨胀→增强货币政策的可信度。

韩国中央银行最近设定的通货膨胀目标还有一个特点，那就是加强了与公众的沟通。前一种方法基于一套独立的责任，向公众解释中央银行的通货膨胀目标操作只适用于特殊情况，因此沟通的机会有限。但是，由于石油价格波动的扩大以及经济活动与价格之间的关系可能减弱，通货膨胀情况和未来预测的不确定性有所增加。因此，需要进一步加强与公众的沟通。考虑到这些问题，韩国中央银行决定继续发布货币政策报告，这是一份每年四次提交国民大会的法定报告；应要求，安排韩国中央银行行长出席国民大会会议，回答问题；此外，从 2018 年开始，每年再公布两次通货膨胀评估，并通过与总督举行记者会等方式，向市民解释有关评估。通过这些变化，从一种不经常使用的单独解释方法到一种经常使用的解释方法，预计公众对通货膨胀情况的了解程度将会提高。中央银行将每两年审查改进通货膨胀目标框架的任何需要，并公布和解释其结果，以便从机构的角度提高沟通的质量。

在存贷款安排方面，韩国中央银行向金融机构提供贷款和存款服务，这是其作为负责货币和信贷政策的中央银行角色的一部分。该行目前的信贷业务包括银行中介贷款支持工具、流动性调整贷款和日间透支，而存款业务则包括经常账户存款、基金调剂存款和货币稳定存款。截至 2018 年底，韩国中央银行向金融机构发放的韩元贷款余额为 14.089 万亿韩元，较 2017 年底减少 3.1 万亿韩元。

在完善银行中介贷款支持机制方面，韩国银行设立了银行中介贷款支持基金，以提高对因企业重组而陷入困境的当地中小企业的金融支持的有效性，并且帮助中小企业创造就业机会。首先，从 2018 年 3 月到 4 月，韩国中央银行制订并实施了向全北和庆南地区中小企业提供金融支持的计划。由于通用汽车韩国公司决定关闭其在群山与关山的工厂，以及现代重工关闭在关山的造船厂，全北地区的中小企业正面临困境。同时由于韩国城东造船以及STX海洋造船公司的重组，这些中小企业在筹集资金方面遇到了困难。2018年3月，韩国政府决定利用银行中介贷款支持基金设定的400亿韩元的上限，加强对全北地区中小企业的支持。此外，2018年3月韩国政府决定从银行中介贷款支持基金的最高限额中再拨出300亿韩元，以加强对庆南地区中小企业的支持，这些企业因城东造船和STX海洋船舶重工集团的重组而蒙受损失。

2018年9月，为了加强中央银行为有助于创造就业的中小企业提供的银行中介贷款支持基金的有效性，中央银行重组并实施了新的增长引擎开发和就业支持计划，该计划已于2017年11月生效。重组后的项目减少了对就业机会有贡献的公司在申请项目时所面临的一些要求，并扩大了有资格获得支持的公司的范围。在计算符合银行中介贷款支持基金条件的金融机构贷款绩效时，对金融机构向创造就业的企业提供的贷款绩效给予优惠。2018年11月，由于商业环境不景气，小企业主的财务负担不断增加，中央银行决定将小企业支持计划的临时运营期延长1年至2019年11月。

截至2018年底，中央银行运行的银行中介贷款支持工具最高限额为25万亿韩元。其中，贸易融资支持计划最高限额为1.5万亿韩元，6万亿韩元用于支持新增长引擎的开发和创造就业机会，11万亿韩元用于稳定中小企业贷款，0.5万亿韩元用于支持小型企业，5.9万亿韩元用于支持区域企业。根据项目的不同，设施的利率为每年0.50%~0.75%不等。

在灵活调整流动性方面，考虑到即将到期的现金支持证券规模和海外投资者稳定的投资需求，韩国现金支持证券平均未偿余额规模较上年同期扩大 1.3 万亿韩元。因此,韩元现金服务企业所占流动性控制工具的比例从 2017 年的 84.7% 上升到 2018 年的 86.9%。另一方面,2018 年净反向回购和 MSA 存款比例分别为 6.5% 和 6.6%,分别低于 2017 年的 7.1% 和 8.2%。

在促进金融市场稳定方面,进入 2018 年下半年后,由于美国加息、中国与美国的贸易摩擦、与美联储货币政策相关的持续不确定性,以及新兴经济体金融动荡的蔓延,市场波动大幅加剧。针对这一情况,中央银行针对有关金融市场的关切,检查了其对策,包括针对公开市场业务的各个危机阶段的市场稳定措施。

3.3 韩国与东北亚各国经济合作的评价

整体而言,韩国政府鼓励韩国企业与东北亚国家在产业融合方面共同努力,推动跨部门合作,如合作研发项目。鼓励提高对创新重要性的认识,努力增进感兴趣各方之间的了解,并提高公众的认识。区域合作是东北亚国家的优先事项,因为它们面临越来越复杂的跨境挑战,而这些挑战不是一个国家能够单独解决的。贸易合作的重要性日益增强,能源和交通互联互通的巨大潜力将引领人们进入可持续发展的新时代,东北亚地区需要在发展合作市场和无缝连接方面密切合作。与此同时,还必须加强在金融和环境方面的合作,以保护来之不易的发展成果免受共同脆弱性的损害。

促进东北亚经济合作的驱动力是利用经济互补性和利用新的机会。加强东北亚地区合作可以产生巨大的利益。例如,鉴于一些最大的能源消费者和生产者并存,该区域的能源贸易潜力早已得到认可。使用戈壁沙漠中产生的太阳能进行可再生能源连接的潜力广阔。目前正在讨论在东北亚地区开发超级电网的问题,该超级电网将为中国、日本、蒙古国、韩国和俄罗斯提供清洁能源。每个国家都有不同但互补的动机。中国希望通过东北亚国家合作推动"一带一路"倡议。朝鲜正在寻求为基础设施建设吸引更多的投资。对于日本和韩国而言，通过与朝鲜进行定期互动和对话来增强稳定性，以及改善与该地区新的增长极的联系是重要的优先事项。对于蒙古国而言，加强与区域邻国的联系对于增加贸易和投资至关重要。最后，对于俄罗斯来说，发展欠发达的远东地区需要与东北亚其他经济体加强合作。

除扩大商品和服务的区域贸易的机会外，区域中的每个国家都希望推动区域合作，在战略上取得显著成就。就韩国而言，韩国在加强区域合作方面具有重大利益，并正日益寻求加强与邻国的伙伴关系。例如，本届政府的两个旗舰提案是"欧亚倡议"和"东北亚和平与合作倡议"，该倡议要求将整个非洲大陆的能源和物流基础设施联系起来；"东北亚和平与合作倡议"旨在发展多边合作机制。在东北亚国家中，这两项举措被认为对于通过增加贸易和投资来支持增长，以及加强该区域的能源安全和政治稳定至关重要。同样，中国政府提出"一带一路"倡议，通过增加与欧亚大陆的联系并加速沿陆路和海上路线的发展来创造新的增长极。据估计，该项目将对亚太地区的 44 亿人口产生影响。国家开发银行最近宣布，将在 60 个国家（地区）的 900 多个"一带一路"倡议（BRI）项目中投资 8900 亿美元。为了取得成功，至关重要的是，中国必须加强与邻国的合作。对于俄罗斯而言，激励措施是为该国的远东地区带来急需的投资。目前，俄罗斯联邦的远东地区虽然占该国领土的 1/3 以上，但 GDP 仅占该国的 4.5%，人口占该国的 4.5%。因此，政府设立了远东发展部，其任务是在促进与亚太地区的关系中发挥关键作用，并制订了一项多年计划，其中计划政府在 2014—2025 年投资 1270 亿美元。

由于东北亚国家的差异以及长期以来的历史和地缘政治紧张局势，区域经济合作对于所有东北亚国家来说仍旧充满挑战，但无论正式的还是基层的互动都在增加，这反映出国家之间的交往越来越重要。此外，尽管在充分参与朝鲜建设方面受到各种限制，但近年来出现了积极的事态发展，包括越来越多的小型和大型项目，以加强该国的贸易、运输和旅游基础设施。

值得注意的是，韩国参与的金融合作十分有限。衡量金融一体化的常用指标可以分为三组。第一组指标以数量为基础，直接衡量每个金融市场的跨界活动，其中包括家庭、公司和金融机构的跨境投资头寸、国内市场的外国银行数量以及在国内资本市场上市的外国公司数量。第二组是基于价格的指标，其基础是一种价格应在风险相同的资产和现金流量之间保持平衡，而无论资产持有人或发行人的住所如何。它们包括利率差异、信贷和债券市场收益率的趋同速度以及股票市场回报的相关性。第三组包括基于机构整合的指标，例如对争议解决的管制和所谓退回支票的收款程序的预期期限。基于这些指标的计算显示东北亚地区的股票市场一体化程度很低。事实上，东北亚国家的资本市场被认为处于全球化的早期阶段。韩国的 1951 家上市公司中，只有 3 家是外国上市公司，它们来自其他东北亚国家（1 家来自中国，2 家来自日本）。日本的 3512 家上市公司中，有 8 家公司来自外国，只有 1 家公司来自另一个东北亚国家（韩国）。中国、蒙古国和俄罗斯没有外国上市公司。外国公司在东北亚经济体中缺乏首次公开发行（IPO），其原因是与其他融资方式（如母公司的汇款）相比，股票市场的融资成本要高得多。对在股票市场上市的公司的 IPO 要求以及当地法规也给外国公司增加了负担，因为它们需要根据当地政府规定的不同会计原则编制报告。此外，东北亚区域内股票价格的相关系数一般大于东北亚地区和美国，但小于东北亚地区和德国，在此期间，所有三个群体的相关系数都有所增加。由此推断，股票市场日益区域化和全球化，今后韩国与东北亚国家的金融合作将加强。

4 韩国经济发展展望

4.1 GDP

4.1.1 韩国官方的预测

4.1.1.1 韩国中央银行

韩国经济 2018 年继续稳步增长，出口和设施投资在全球经济增长的支持下保持增长势头，消费也稳步增长。2019 年，由于出口和消费继续呈现扩张趋势，预计实际 GDP 增速为 2.9%。

国内需求对 GDP 增长的净贡献预计将下降（从 2017 年的 2.8% 下降至 2018 年的 1.8%），而出口可能上升（从 0.3% 上升到 1.2%）。

在未来的增长道路上，既有上行机遇，也有下行风险。上行机遇包括：①由于全球经济增长趋势加强，商品出口和设施投资增长更快；②财政支出增加；③对中国贸易情况的改善快于预期。下行风险包括贸易保护主义加剧、劳动力市场状况改善滞后、主要国家货币政策正常化加快。

4.1.1.2 韩国发展研究院（KDI）

随着出口增长放缓和国内需求放缓，韩国 2019 年的经济增长率预计为 2.6%，比 2018 年的 2.7% 低 0.1 个百分点。

分项来看，尽管家庭收入增加，并受到就业项目的影响，但受资产价格下跌和家庭债务偿还负担的影响，私人消费增长从

2018 年开始将略有下降。2019 年，设施投资将继续增长缓慢，因为半导体领域前所未有的巨额投资预计将消退，而其他行业的投资需求将十分有限。建筑投资将继续停滞不前，因为土木工程行业的下降趋势有所缓解，而住宅建筑行业的下降将进一步加剧。尽管全球贸易放缓，半导体等特定产品的高出口量逐渐下降，但出口仍将继续以超过整体 GDP 增速的速度增长。

4.1.1.3 韩国经济研究院

韩国 2019 年经济或增长 2.4%，比 2018 年低 0.3 个百分点。2019 年出口增长率或为 2.9%，与 2018 年（3.9%）相比低 1 个百分点。建设投资及设备投资与上年相比或将分别减少 5.0% 和 1.0%。

4.1.2 国际机构的预测

IMF 预计 2019 年的增长率将下滑至 2.6% 左右。这种放缓是由外部需求的预期恶化推动的，而在财政政策的支持下，内部需求预计将会回升。预计出口增长疲弱，反映出科技周期的恶化和中国需求的放缓。在 2019 年预算和补充预算中嵌入的财政刺激措施的帮助下，国内消费预计将加速增长。设备投资将继续面临贸易疲软的阻力，尤其是半导体需求。建筑投资预计将稳定在更符合长期趋势的水平，经济萧条只会逐渐消失。

2018 年 11 月 OECD 预测的韩国经济增长率为 2.8%，国际信用评级机构穆迪预测的韩国经济增长率为 2.3%。

4.1.3 我们的预测

鉴于扩张性的财政政策和强劲的消费，预计经济将有所改善。政府将加强风险管理，通过实施促进产业创新、创造就业、支持低收入家庭和小商户等措施促进经济增长。政府将努力加快实施 2019 年经济政策，这些政策有助于实现包容和充满活力的经济。出口和投资预计将放缓，增长将得到补充预算以及促进出口和投资措施的支持。预计 CDP 年增长率为 2.4% ~2.5%。

4.2 物价

4.2.1 韩国官方的预测

4.2.1.1 韩国中央银行

2018 年的总体通货膨胀最近有所放缓，但由于国内需求复苏和油价上涨的影响，预计通货膨胀将逐步回升。2019 年，随着国内经济持续扩张，总体通货膨胀率预计将接近 2%。预计 2018 年核心通货膨胀率（不包括食品和能源的 CPI）为 1.6%，2019 年为 2.0%。

至于未来的通货膨胀路径，仍存在上行和下行风险。可能的上行风险包括：①国内经济增长好于预期，与全球经济的改善相一致；②受地缘政治风险影响，油价可能上涨。与此同时，下行风险包括韩元升值导致的进口价格下跌，以及美国页岩油产量扩大导致的油价下跌。

4.2.1.2 韩国发展研究院

总体通货膨胀率预计将保持在 1% 左右，主要受油价上涨影响，而核心通货膨胀率也可能保持在 1% 左右。

4.2.2 国际机构的预测

IMF 预测 2018 年和 2019 年的通货膨胀率都将低于韩国中央

银行的目标。由于经济持续疲软，核心通货膨胀率也将保持在较低水平。由于石油消费税的降低以及石油和食品价格的下降，整体通货膨胀率将保持在较低水平，同比增长 1.4%。随着产出缺口的缩小，通货膨胀只会在中期逐渐向目标靠拢。

4.2.3　我们的预测

由于石油和生鲜食品价格较低，预计全年 CPI 将上涨 0.9%。

4.3　就业和收入

4.3.1　韩国官方的预测

韩国中央银行认为，2018 年，就业人数预计将增加约 26 万人，2019 年将增加约 29 万人。预计 2018 年失业率为 3.8%，2019 年为 3.7%。

韩国发展研究院以为，就业增长预计从 2018 年开始略有改善，失业率与 2018 年持平，国内需求放缓，海外需求逐渐放缓。

4.3.2　国际机构预测

为了表达政策立场，IMF 使用多变量过滤器（MVF）估计韩国的产出缺口，并对其进行了修正，以更好地反映劳动力市场状况。产出缺口被定义为实际产出与潜在产出之间的差额，即一个经济体在不产生通货膨胀压力的情况下所能生产的最大产出水平。MVF 通过一个经济方程系统提供了一个产出缺口估计。这种估算方法得出的 2019 年产出缺口为 -1.1% ～ -0.4%。因此，预计劳动力市场 2019 年将呈现疲软。

4.3.3 我们的预测

就业市场不但疲软，而且存在一些外部不确定性，如中美贸易摩擦、美联储加息和全球金融动荡等。我们预计新增就业 20 万人，就业率由 66.7% 提高到 66.8%。

4.4 对外贸易和投资

4.4.1 韩国官方的预测

4.4.1.1 韩国中央银行

据预测，经常账户占 GDP 的比例将逐步下降，从 2017 年的 5% 左右下降到 2018—2019 年的 4% 左右。

4.4.1.2 韩国发展研究院

预计从 2018 年起，经常账户盈余将略有增加，而服务账户赤字将有所减少。

4.4.1.3 韩国经济研究院

韩国经常性收支或将仅为 630 亿美元（约合人民币 4506 亿元），比 2018 年减少 134 亿美元（约合人民币 901 亿元）。

4.4.1.4 韩国国际贸易研究所（Kitri）

2019 年韩国的出口总额预计达 5660 亿美元，比 2018 年下降 6.4%。韩国的进口额预计为 5130 亿美元，比 2018 年下降了 4.1%，韩国的出口将比进口下降更多，贸易顺差将从 2018 年的 697 亿美元下降至 530 亿美元。

半导体是韩国重要的经济支柱，Kitri 认为由于贸易争端的持续，全球 IT 公司对数据中心的投资推迟，韩国半导体出口的复苏预计将推迟至 2019 年第四季度，半导体年出口额预计也将降至 1000 亿美元，较 2018 年下降 21.1%。

Kitri 预计由于美国经济持续增长，运动型多用途车（SUV）和绿色汽车出口增加及新车型发布，预计 2019 年下半年汽车出口将增长 5.2%。

由于美国和印度等主要出口市场基础设施和设施投资的扩张，韩国造船商预计将交付 2017 年收到订单的船舶，并积极出口液化天然气油轮和超大型原油运输船（VLCC）。

4.4.2 我们的预测

由于出口放缓，经常账户盈余预计将降至 605 亿美元，服务平衡有望改善。

4.5 韩国与中国的合作

第一，共同推进韩国新南北经济合作倡议和中国"一带一路"倡议。一是修订和完善此前关于韩国欧亚大陆倡议和中国"一带一路"倡议的谅解备忘录。二是举行由政府、研究机构和企业官员组成的政策对话，共同探索新的商业机会，扩大财政支持。三是在第三国寻找联合投资项目。

第二，在全球不确定性中保持合作。一方面，开展关于收入导向增长和创新增长的联合研究。另一方面，加强在 G20 等多边场合的双边合作，支持应对气候变化的国际努力。

第三，改善双方的商业经营条件。一是促进两国旅游和文化交流，建立两国政府间的合作渠道，促进旅游业发展。二是举办商务论坛，鼓励中韩 B2B（企业对企业）交流与合作。三是更新韩国三星电子和国家发改委之间的谅解备忘录。

第四，加强区域、农业和农村发展合作。一是研究与中国东北三省合作措施，建立工作级合作渠道，密切协调韩国北方经济合作倡议和中国"一带一路"倡议。二是加强韩中产业合作园区合作。三是继续开展合作，提高农业和农村生活质量，促进生态农业发展。

第五，数字经济合作。解决三个问题，即不平等、不平衡和不公正，正变得越来越重要。这些问题为中韩数字经济合作的方向提供了一个关键的视角。首先，需要增加对那些被排除在新技术之外的人的支持。其次，需要创建一个健康的商业生态系统，为促进创业的创新创造环境。在此背景下，中韩两国应通过多种合作渠道，共同应对数字经济和第四次工业革命等重大问题。可以通过中韩经济部长会议、科技联委会等高级别磋商渠道，进一步推进数字经济与数字丝绸之路对话。

此外，在东北亚地区有许多环境合作机制，以应对各种环境挑战。然而，这些机制往往存在资金不足、边缘化、缺乏执行影响大的机构资助，并且将跨越其他部门的问题。根据《2030 年可持续发展议程》，现在有机会将这些机制纳入可持续发展区域战略的关键要素的主流。第一项工作是建立灾害管理合作机制，以共享数据、最佳做法和技术，减少脆弱性和增强应对危险事件的能力。有证据表明，热带气旋和台风是东北亚地区最常见的灾害，并且由于气候变化，其强度越来越大。因此，东北亚地区将受益于一个交流数据、技术专门知识和最佳做法的机制。区域内可以建立类似于台风委员会的机制，但应包括地震、干旱甚至新冠肺炎等更广泛的危害。

（中国建设银行 刘雯）

分报告四

2019 年蒙古国经济发展报告

1 蒙古国的经济地位

1.1 GDP

2018 年蒙古国 GDP 总量为 130.1 亿美元，占亚洲的 0.041%，比上年提高了 0.003 个百分点；占世界的 0.015%，比上年提高了 0.001 个百分点。

1.2 人口、就业和收入

截至 2018 年 12 月底，蒙古国的人口数为 323.8 万人，比上年上升了 1.8 个百分点。

2018 年底，蒙古国城镇登记失业人口为 2.5 万人，失业率为 6.65%，比上年下降 2.15 个百分点，比世界平均水平高 1.15 个百分点。

2018 年蒙古国年人均收入为 4009 美元，按照世界银行的分类，蒙古国的人均收入水平属于中下等收入国家水平。

1.3 土地

蒙古国的土地面积为 156.65 万平方公里，是世界上国土面积第 19 大的国家，也是仅次于哈萨克斯坦的世界第二大内陆国家。蒙古国位于中国和俄罗斯之间，是一个被两国包围的内陆国家。蒙古国虽然不与哈萨克斯坦边境接壤，但其最西点到哈萨克斯坦的最东端只有 38 公里。

1.4　进出口贸易总额

2018 年，蒙古国与世界 156 个国家和地区开展贸易，对外贸易总额为 129 亿美元，较 2017 年增长 22.9%。其中，出口 70 亿元，同比增长 13%；进口 59 亿美元，同比增长 34%。出口增长中，矿产品出口增加 11 亿美元，羊绒制品出口增加 7430 万美元。进口增长中，矿产品进口增加 3.40 亿美元，柴油进口增加 1.49 亿美元，机械、电器设备、配件进口增加 3.63 亿美元，交通工具及其零配件进口增加 2.74 亿美元，金属制品进口增加 2.07 亿美元。2018 年实现贸易顺差 11 亿美元，较 2017 年下降 42%。

1.5　国际投资

2018 年，蒙古国的国际直接投资流入额为 21.74 亿美元，国际直接投资流出额为 0.37 亿美元。在国际直接投资方面，蒙古国的国际直接投资流入与流出额都很小。蒙古国的经济发展较为落后，所以投资流向国外的数量极少。在吸收国际直接外资方面，2017 年，蒙古国的国际直接投资流入额为 14.94 亿美元，2018 年流入额较上年明显上升。

1.6　国际储备

截至 2018 年底，蒙古国外汇储备为 32 亿美元。

2018 年，牲畜存栏总数为 6650 万头。其中，马 390 万匹，同比增长 0.4%；牛 440 万头，同比增长 0.2%；骆驼 45.97 万峰，同比增长 5.9%；绵羊 3060 万只，同比增长 1.5%；山羊 2710 万只，同比下降 0.8%。

2018 年农业种植面积为 50.81 万公顷，同比下降 3.1%。收割谷物 45.38 万吨，同比增长 90.6%；土豆 16.89 万吨，同比增长 38.6%；蔬菜 10.07 万吨，同比增长 22.7%；储草 120 万吨，同比增长 21.9%；饲料作物 5.11 万吨，同比下降 2.3%。

2018 年工业产值完成 15.7 万亿图格里克（约合人民币 409.92 亿元），同比增长 21.0%。其中，矿业产值增加 1.8 万亿图格里克（约合人民币 47 亿元），同比增长 19.6%。矿业产值中，煤炭产值增加 1.6 万亿图格里克（约合人民币 41.78 亿元），同比增长 63.1%；金属类矿产值增加 1983 亿图格里克（约合人民币 5.18 亿元），同比增长 3.4%。2018 年工业产品销售额为 18.3 万亿图格里克（约合人民币 477.81 亿元），同比增长 20.7%。其中，出口销售额为 12.6 万亿图格里克（约合人民币 328.98 亿元），占销售总额的 68.9%。

2018 年铁路运输完成货运 2570 万吨，同比增长 12.9%；完成客运 260 万人次，同比下降 2.4%。铁路营运收入为 6165 亿图格里克（约合人民币 16.10 亿元），同比增长 16.3%。2018 年航空运输完成货运 3100 吨，同比增长 2%；完成客运 94.46 万人次，同比增长 13.3%。航空运输营运收入为 4222 亿图格里克（约合人民币 11.02 亿元），同比增长 9.5%。

2018 年蒙古国入境旅客累计 610 万人次，同比增长 2.6%。其中，由扎门乌德口岸入境的游客占 39.5%，宝音图乌哈航空港入境旅客占 17.8%，嘎舒苏海图口岸入境游客占 11.8%，阿拉坦布拉格口岸入镜游客占 11.3%，锡伯库伦口岸入境游客占 6.1%，其他口岸入境游客占 13.5%。2018 年入境外国旅客 59.84 万人次，同比增长 10.3%。入境外国旅客中，中国公民占 36.2%，俄罗斯公民占 22.3%，韩国公民占 14.4%，日本公民占 3.6%，美国公民占 3.2%，哈萨克斯坦公民占 2.7%，其他国家公民占 17.6%。2018 年蒙古国公民出国旅行 250 万人次。其中，180 万人次为因私出国，占出国人员的 72%。

2 蒙古国经济发展形势

2.1 GDP

2018 年蒙古国 GDP 增长率为 6.9%，比上年提高 1.8 个百分点。投资增长比上年提高 21.44 个百分点，对 GDP 的贡献度为 38.6%。2018 年蒙古国的净出口增长 - 39.02%，比上年下降 66.32 个百分点，对 GDP 的贡献度为 8.74%。

2.2 物价

2018 年蒙古国 CPI 增速为 7.7%，比上年提高 3.65 个百分点。2018 年 12 月，蒙古国 CPI 较上月上涨 0.6%，较上年同期上涨 1.7%。随着国际原油价格上扬和图格里克贬值，2018 年伊始燃油价格就呈现上升趋势，2018 年燃油价格上涨了 47%。根据国家统计局最新推出的社会经济指数报告，通货膨胀率达到了 8.1%，超过了蒙古国银行作出的年末通货膨胀率将保持在 6.5% ~8% 的预测。乌兰巴托市的通货膨胀率达到了 9.3%。其中，燃油、固体燃料价格以及肉类价格上涨占 5%。

2.3 就业与收入

2018 年蒙古国劳务部门登记的失业、求职人员为 3.62 万人，其中 2.5 万人（69.0%）为无职业失业人员，同比下降 1.9%；1.12 万人（31.0%）为择岗求职人员。失业人员中，女性占

53%，2018 年重新就业人员达 2.86 万人。

2.4　国际贸易与投资

2018 年蒙古国的进出口贸易总额增长 25.1%，比上年下降 4.4 个百分点。对外直接投资流入额增长 45.5%。对外直接投资流出额较上年下降了 24.5 个百分点。

2018 年蒙古国与全球 156 个国家和地区进行贸易，外贸总额达 129 亿美元。其中，出口 70 亿美元，进口 59 亿美元，食品进口约 4.367 亿美元。其中，2018 年 12 月出口 5.31 亿美元，进口 5.035 亿美元，出口同比减少 490 万美元，进口同比增长 750 万美元。

2.5　蒙古国对其他经济体的贸易与投资

2018 年蒙古国与中国的出口贸易额为 65.43 亿美元，比 2017 年增长了 23.3%；与中国台湾地区的出口贸易额为 0.25 亿美元，比 2017 年下降了 3.8%。2018 年蒙古国与中国的进口贸易额为 19.95 亿美元，比 2017 年增长了 39.5%；与中国台湾地区的进口贸易额为 0.13 亿美元，比 2017 年增长了 85.7%。

2018 年蒙古国对日本出口贸易额为 2646.85 万美元，比 2017 年增长了 78.6%；进口贸易额为 56104.2 万美元，比 2017 年增长了 54.5%。

2018 年蒙古国对韩国出口贸易额为 2120.04 万美元，比 2017 年增长了 82.5%；进口贸易额为 26236.6 万美元，比 2017 年增长了 32.7%。

2018 年蒙古国对朝鲜出口贸易额为 104.68 万美元，比 2017 年下降了 47.06%；进口贸易额为 47.84 万美元，比 2017 年增长了 39.88%。

2018 年蒙古国对俄罗斯的出口贸易额为 8593.6 万美元，比 2017 年增长了 27%；进口贸易额为 171034.7 万美元，比 2017 年增长了 40.5%。

2018 年中国对蒙古国的对外直接投资流入额为 4.37 亿美元，比 2017 年增长了 33.6%。

2018 年日本对蒙古国的对外直接投资流入额为 2.44 亿美元，比 2017 年增长了 165.2%。

2018 年韩国对蒙古国的对外直接投资流入额为 0.27 亿美元，比 2017 年增长了 170%。

2018 年俄罗斯对蒙古国的对外直接投资流入额为 0.18 亿美元，比 2017 年下降了 40%。

3 蒙古国经济发展评价

3.1 对蒙古国经济形势的评价

蒙古国地处东北亚，东、南、西三面同中国接壤，北部同俄罗斯相邻，地理位置重要。20 世纪 90 年代初蒙古国进行民主改革，现为民主议会制国家，政局整体稳定。蒙古国地广人稀，矿产资源丰富，煤炭、铜、金等矿产品储量居世界前列。近年来，蒙古国依靠矿业开发和矿产品出口，实现较快发展，经济发展前景广阔。2018 年蒙古国的经济形势如下。

3.1.1 背景：蒙古国经济前景光明，但目前面临严峻挑战

蒙古国拥有大量的铜、金、煤炭和其他矿产资源，这些矿产资源中的许多处于待开发或已投产状态。蒙古国经济拥有多元化发展涉农产业（尤其是乳业、肉类和羊绒业）以及旅游业的良好潜力。然而，目前蒙古国经济增长低迷，外汇储备较少，财政赤字规模较大，债务不断增加，银行体系脆弱。外部冲击可能给脆弱的蒙古国经济带来沉重打击。

3.1.2 蒙古国经济 2018 年发展态势

2018 年成为美元汇率创纪录的一年。随着中国出台限制煤炭进口的决定，美元兑图格里克汇率从年初的 2448 持续下跌到了 2643 的水平。蒙古国中央银行方面解释称，除了美联储政策因

素，国内市场需求的增加是影响美元增长的主要因素，2018 年图格里克汇率下跌了 7.9%。截至 2018 年底，M_2 为 19.5 万亿图格里克（约合人民币 509.14 亿元），同比增长 22.8%。金融系统贷款余额为 17.2 万亿图格里克（约合人民币 449.09 亿元），同比增长 26.5%。其中，逾期贷款余额为 8488 亿图格里克（约合人民币 22.16 亿元），同比增长 3.1%。不良贷款为 1.8 万亿图格里克（约合人民币 47 亿元），同比增长 54.8%。

2018 年国家财政总收入为 10.1 万亿图格里克（约合人民币 263.71 亿元），同比增长 26.9%。财政总支出为 9.2 万亿图格里克（约合人民币 240.21 亿元），同比增长 3.4%。税收收入为 8.2 万亿图格里克（约合人民币 214.10 亿元），同比增长 30%。特别税增加 2347 亿图格里克（约合人民币 6.13 亿元），同比增长 45.2%；所得税增加 4732 亿图格里克（约合人民币 12.36 亿元），同比增长 29.3%；增值税增加 5779 亿图格里克（约合人民币 15.09 亿元），同比增长 35.7%；对外服务收入增加 1701 亿图格里克（约合人民币 4.44 亿元），同比增长 33.2%；社保基金收入增加 2995 亿图格里克（约合人民币 7.82 亿元），同比增长 22.7%。非税收入增加 1256 亿图格里克（约合人民币 3.28 亿元），同比增长 21.4%。

证券市场 30 年的历史中，2018 年首次在不到一年的时间里登记了 5 只新股、发行了两种债券，成为 2018 年的重要事项。推出的产品涵盖了金融科技、非银行金融机构、保险和再保险等全新领域。证券市场总价值目前达到了 2.35 万亿图格里克，仅依靠国内资源完成了迅速扩张，比上年增长了 13%，自 2015 年以来增长了 200%。

2018 年 1 月 9 日，世界权威金融分析机构标准普尔宣布将蒙古国长期信用评级由"B－"级上调至"B"级。前不久，该机构又宣布将蒙古国长期信用评级由"B"级上调至"B＋"级，短期信用评级依旧保持为"B"级。这两次升级对蒙古国金融市场的发展影响巨大，银行业总资产首次超过 30 万亿图格里克。2018 年，蒙古国 5 家银行的资产增幅达 1400 亿图格里克，其中瀚银行资产达 8 万亿图格里克。此外，2018 年根据蒙古国家大呼拉尔和政府决议，通过国内外证券交易所销售额登斯塔旺陶拉盖公司 30％的股票，发行 IPO。政府向矿业与重工业部下达指示，研究通过香港和纽约证券交易所销售塔旺陶拉盖股票问题。若将额登斯塔旺陶拉盖公司 30％的股票发行到国际资本市场，蒙古国有机会获得 15 亿～60 亿美元投资。

蒙古国炼油厂和乌兰巴托市汗乌拉区交警队附近立交桥建设工程 2018 年启动，雅尔玛格新桥投入使用。2018 年 6 月 22 日，使用印度政府提供的 10 亿美元优买贷款在东戈壁省阿勒坦希勒苏木建设炼油厂的工程正式启动。从塔玛萨克矿年均加工 150 万吨石油，满足国内燃料需求的该炼油厂预计将于 2022 年投入使用。使用中国 3000 万美元优买贷款实施的"雅尔玛格新桥建设和老桥维修项目"竣工，于 2018 年 11 月 2 日投入使用。此外，使用中国 4230 万美元优买贷款建设的乌兰巴托市汗乌拉区交警队附近立交桥项目建设工程于 2018 年 6 月开工。上述建设的投入使用，能满足国内燃料需求的一定比例，并实现日用品价格稳定化，缓解乌兰巴托市交通拥堵。

2018 年社保基金收入为 2.4 万亿图格里克（约合人民币 62.66 亿元），同比增长 13.4％。其中，养老基金增长 17.7％，医保基金增长 44.1％。社保基金支出为 2.1 万亿图格里克（约合人民币 54.83 亿元），同比增长 13.5%。其中，失业保险基金支出减少 2.15 亿图格里克（约合人民币 56.14 万元），同比下降 0.6%；养老保险基金支出增加 2033 亿图格里克（约合人民币 5.31 亿元），同比增长 14.4%。为 18 岁以下的 95 万名未成年人发放补贴 2090 亿图格里克（约合人民币 5.46 亿元）。

2018—2019 学年各类学校在校生共 100 万人，同比增长 2.8%。幼儿园有 1435 所，同比增长 1.3%。入园幼儿有 26.13 万人，同比增长 1.8%；普通教育中小学有 803 所，同比增长 0.6%。在校中小学生有 59.32 万人，同比增长 3.6%；高等院校在校生有 15.76 万人，同比增长 1.5%。

3.1.3 经济挑战

蒙古国经济面临重大风险。蒙古国经济高度暴露于全球大宗商品市场，而且区域溢出效应也对其产生了影响，如中国经济增长放缓意味着对蒙古国大宗商品的需求减少，就像中国燃煤发电的改革对蒙古国煤炭需求的影响，但是这些可能影响在一定程度上被以下因素抵消：中国持续减少煤炭供应，中国家庭收入和消费的不断增加可能对蒙古国旅游业、乳制品、肉类和羊绒需求提供支持。

3.2 对蒙古国经济政策的评价

蒙古国位于亚洲中部，是"一带一路"北线重要支点；中俄蒙三国经济走廊将通过交通、货物运输和跨国电网的连接，打通三国经济合作的走廊建设；蒙古国矿产资源丰富，且正处在开发初级阶段，开发潜力巨大。

2018 年蒙古国经济总体发展基本进入了稳定增长时期。2018

年蒙古国提出扩建东北亚超级能源网的建议。蒙古国总统哈·巴特图勒嘎 2018 年出席了四大国际论坛,即上海合作组织成员国元首理事会第十八次会议和在瑞士日内瓦举行的世界投资论坛、2018 年 9 月 11~13 日在俄罗斯符拉迪沃斯托克举行的第四届东方经济论坛、2018 年 10 月 18 日和 19 日在比利时布鲁塞尔举行的第十二届亚欧峰会。其间,总统哈·巴特图勒嘎介绍了蒙古国提出的几项倡议,总理乌·呼日勒苏赫访问了中国、东北亚超级能源网联合工作组。

蒙古国总理乌·呼日勒苏赫 2018 年对四个国家进行正式访问,并签署了促进社会、经济发展的大型协议和协定。2018 年 1 月 15~17 日,总理乌·呼日勒苏赫对韩国进行正式访问。在 IMF 计划框架内,双方签署了韩国向蒙古国提供 5 亿美元优买贷款的总协定。2018 年 4 月 8~12 日,总理乌·呼日勒苏赫访问中国。通过双方商定,蒙古国获得 3 亿美元优买贷款,用于中央污水处理厂工程。2018 年 9 月,总理乌·呼日勒苏赫对美国进行正式访问。其间,双方在美国向蒙古国提供 3.5 亿美元无偿援助的协议上签字。2018 年 12 月 12~15 日,总理乌·呼日勒苏赫对日本进行正式访问。在 IMF 计划框架内,蒙古国获得"财政、社会和经济改革发展政策贷款"的第二期融资。

现今蒙古国经济存在的最大问题是过分依赖矿产行业,因此,国际大宗商品的价格变化会直接影响蒙古国的经济增长能力。经济政策中,"多支点经济发展政策"提出了加强农牧业、发展重工业和矿产业、加大基础设施建设力度等政策目标。蒙古国内的学者指出,蒙古国政府应该重视建立良好的投资环境,以便保障在蒙古国投资的外国企业的合法权益;同时,要保持国内政治的稳定性。

3.3 我国与蒙古国经济合作的建议

中国与蒙古国两国边界线长 4710 公里，两个国家于 1949 年 10 月 16 日建立了外交关系。中蒙建交以来，睦邻友好关系是主流趋势。近 30 年来，两国关系发展迅速，发展成果也尤为显著。其中，1994 年双方重新签署《中蒙友好合作关系条约》，为两国关系健康稳定发展奠定了基础。1998 年 12 月，应江泽民主席的邀请，蒙古国总统对中国进行了国事访问，双方发表中蒙联合声明，确定了建立两国面向 21 世纪长期稳定、健康互信的睦邻友好合作关系。1999 年 7 月，江泽民主席应邀对蒙古国进行国事访问，充实了两国间睦邻友好合作关系的内涵。2002 年 1 月，蒙古国总理对中国进行了正式访问，双方发表了联合公报。2003 年 6 月，胡锦涛主席对蒙古国进行国事访问，双方宣布建立中蒙睦邻互信伙伴关系，同时发表了联合声明。2004 年 7 月，蒙古国总统对中国进行国事访问，双方发表了中蒙联合声明。2006 年 11 月，蒙古国总理对中国进行正式访问。2014 年 8 月，习近平主席应邀对蒙古国进行国事访问。近年来，两国合作不断扩大，中国已连续多年成为蒙古国最大的贸易伙伴和投资国。

中蒙两国经济互补性强，经贸合作潜力巨大。长期以来，在双方共同努力下，两国经贸合作按照矿产资源、基础设施、金融合作"三位一体、统筹推进"的总体思路顺利开展。中方提出"一带一路"倡议以来，得到蒙方的积极响应，双方已就加快对接中国"一带一路"倡议和蒙古国"发展之路"战略达成重要共识，为两国经贸合作创造了新机遇。

随着中国"走出去"企业赴蒙古国投资经营规模不断扩大，中蒙两国经贸合作在取得各类成绩的同时，也面临诸多困难和挑战。特别是近段时期以来，蒙古国经济增长处于较为稳定发展的状态，但当地投资环境仍有诸多不足，希望在蒙古国的中资企业能够遵守当地政策和法律，依法经营，积极履行社会责任，实现互利共赢，推动中蒙经贸关系平稳、快速发展。

在共建"一带一路"的大背景下，中国与蒙古国两国合作的潜力非常大，今后应大力加强中国与蒙古国间的经济贸易合作，具体的建议如下。

一是继续发展与蒙古国之间的"草原之路"计划的对接。早在 2014 年，蒙古国政府就启动了名为"草原之路"的振兴计划。该计划投资 500 亿美元，力争推动高速铁路、电气化铁路、天然气及石油管道等 5 个项目，由此利用运输的发展带动贸易的发展，继而推动整个蒙古国经济的发展。中国目前应大力推动"一带一路"倡议与"草原之路"振兴计划对接行动，以基础设施建设为根本，大力提升中蒙间铁路运输的能力。另外，中国应利用该契机，促进两国间宏观战略、微观策略、产业项目和技术标准的综合衔接，并尽快推动形成互利共赢合作新格局，继而为东北亚经贸合作注入新活力。

二是中蒙两国继续努力提升贸易与投资便利化。中蒙两国间应该加强政府政策层面的沟通协调，大力推动两国的口岸部门信息互换、监管互认、执法互助等措施。中蒙两国还应该进一步优化两国间企业的经营环境，力争在税收、标准、签证、劳务以及投资者权益保障等方面提出相应的措施，为中蒙间经贸、投资合作提供有效保障。

三是中蒙两国继续探索新的经贸合作模式。中国应该在发挥技术、资金、经验优势的基础上，探寻在蒙古国实行新的合作方式。努力采用吸引社会资本投入的方式来实现两国之间的经贸合作。另外，中国需大力推动与蒙古国合作建设工业园区和产业集聚区的进程，优先启动一批带动性和示范性较强的合作项目，加快打造"一带一路"沿线特别是中蒙俄经济走廊上国与国之间合作的新模式。

（北京语言大学商学院、经济研究院　徐晓飞）

分报告五

2019 年朝鲜经济发展报告

1 朝鲜的经济地位

1.1 GDP

朝鲜 GDP 为 166.5 亿美元[①]，占亚洲的 0.05%，较上年降低 0.01 个百分点；占世界的 0.019%，略低于上年的 0.021%。

1.2 人口、就业和收入

朝鲜人口为 2555 万人[②]，占亚洲的 0.56%，占世界的 0.33%。

朝鲜失业率为 3.6%，与亚洲整体失业率基本持平，比世界平均水平低 1.4 个百分点。[③]

2018 年朝鲜国民总收入约 175.17 亿美元，占亚洲的 0.05%，占世界的 0.02%。朝鲜年人均收入为 686 美元，比亚洲平均水平低 93.9 个百分点，比世界平均水平低 90.2 个百分点。[④]

1.3 土地

朝鲜土地面积为 12.3 万平方公里，占亚洲的 0.27%，占世

---

① 根据 UNCTAD 数据库朝鲜 2017 年 GDP 数据及韩国银行对朝鲜 2018 年 GDP 的增长率测算。

② 资料来源：UNCTAD 数据。

③ 根据国际劳工组织对朝鲜 15 岁以上、15～24 岁以及 24 岁以上失业率的统计取平均数。

④ 根据 UNCTAD 数据计算而得。

界的 0.09%。

1.4　进出口贸易总额

朝鲜进出口贸易总额为 27.13 亿美元，约占亚洲的 0.014%，比上年降低 0.019 个百分点；约占世界的 0.005%，比上年降低 0.007 个百分点。出口贸易总额为 3 亿美元，约占亚洲的 0.003%，比上年降低 0.018 个百分点；约占世界的 0.001%，比上年降低 0.0089 个百分点。进口贸易总额为 24.13 亿美元，约占亚洲的 0.026%，比上年降低 0.04 个百分点；约占世界的 0.01%，比上年下降 0.01 个百分点。[①]

1.5　国际投资

朝鲜国际投资[②]总额为 5197.3 万美元，占亚洲的 0.009%，比上年提高 0.012 个百分点；占世界的 0.004%，比上年提高 0.005 个百分点[③]。

1.6　朝鲜与东北亚五国国际贸易

朝鲜对中国的贸易总额为 24.95 亿美元，占亚洲的 97.3%，比上年提高 1.38 百分点；占世界的 92%，比上年提高 0.51 个百分点。对中国的出口总额为 2.75 亿美元，占亚洲的 95.7%，比上年提高 0.48 个百分点；占世界的 91.7%，比上年提高 0.42 个百分点。对中国的进口总额为 22.2 亿美元，占亚洲的 97.5%，比上年提高 1.21 个百分点；占世界的 92.0%，比上年提高 0.44

---

① 根据 UNCTAD 数据计算而得。
② 此处为朝鲜 2018 年吸引外商直接投资额，根据 UNCTAD 数据计算而得。
③ 因朝鲜 2017 年外商直接投资数据为负值，因此出现增幅大于所占比例的情形。

个百分点。

朝鲜对俄罗斯（俄西远）的贸易总额为 0.3877 亿美元，占亚洲的 1.51%，比上年降低 0.005 个百分点；占世界的 1.43%，比上年降低 0.02 个百分点。对俄罗斯（俄西远）的出口总额为 0.07 亿美元，占亚洲的 2.36%，比上年提高 2.12 个百分点；占世界的 2.26%，比上年提高 2.04 个百分点。出口产品以各种制成品为主，占 74.67%；其次是机械和运输设备，占 14.19%。对俄罗斯（俄西远）的进口总额为 0.32 亿美元，占亚洲的 1.41%，比上年降低 0.79 个百分点；占世界的 1.33%，比上年降低 0.76 个百分点。进口产品以矿产品为主，占 67.28%；其次是动植物油脂，占 13.02%。逆差为 0.25 亿美元。[1]

朝鲜对蒙古国的贸易总额为 0.03 亿美元，占亚洲的 0.1%，比上年提高 0.06 个百分点；占世界的 0.1%，比上年提高 0.05 个百分点。对蒙古国的出口总额为 0.02 亿美元，占亚洲的 0.56%，比上年提高 0.54 个百分点；占世界的 0.54%，比上年提高 0.52 个百分点。出口产品以化学品及相关产品为主，占 63.29%；其次是食品和动物产品，占 34.84%。对蒙古国的进口总额为 0.01 亿美元，占亚洲的 0.05%，比上年降低 0.01 个百分点；占世界的 0.04%，比上年降低 0.01 个百分点。进口产品以饮料和烟草为主，占 95.33%；其次是食品和动物产品，占 4.66%。顺差为 0.01 亿美元。[2]

---

[1] 此处为朝鲜 2018 年吸引外商直接投资额，根据 UNCTAD 数据计算而得。
[2] 同上。

2 朝鲜经济发展形势

2.1 GDP

朝鲜 GDP 增长率为 - 1.46% ，比上年提高 2.48 个百分点[①]。其中，进出口增长率为 - 50% ，比上年降低 34.4 个百分点，对 GDP 的贡献度为 17.4%。[②]

按照联合国统计司的公开信息，2018 年朝鲜 GDP 的构成中，第一产业（农业）占比约为 23.3% ，第二产业（广义工业）占比约为 43.7% ，第三产业（服务业）占比约为 33%。

韩国中央银行表示，受国际制裁和严重旱灾的影响，2018 年朝鲜经济连续第二年萎缩，且萎缩的幅度为 21 年之最。韩国中央银行分析认为，由于国际上自 2017 年 8 月起对朝鲜全面实施制裁，加上高温天气导致的收成下降，朝鲜经济形势雪上加霜。如果说经济制裁从 2017 年下半年开始影响朝鲜，那么 2018 年全年制裁都在拖累经济。受对煤炭和矿产品出口制裁的拖累，矿业产出萎缩 17.8% ；农业、林业和渔业则因干旱萎缩 1.8%。朝鲜的出口总额受制裁影响，仅为 2.4 亿美元，同比下降 86.3% ，创下自 1991 年韩国开始估测朝鲜经济增速以来的最低值。[③]

---

① 数据来源于 UNCTAD。
② 根据 UNCTAD 数据计算而得，消费和投资数据不详。
③ https：//m - cn. yna. co. kr/view/ACK20190726002200881？ section = news.

2.2 就业与收入

朝鲜失业率为3.6%，比上年提高0.3个百分点。

朝鲜年人均收入增长0.17%，比上年降低2.7个百分点。[①] 2018年，朝鲜的名义国民总收入为175.17亿美元，仅为韩国的1/53[②]（1.9%），收入差距较2017年的1/50进一步拉大。人均国民收入为686美元，仅为韩国的1/26（3.9%）。

2.3 国际贸易

朝鲜进出口贸易总额下降49.7%，比上年降低34.7个百分点。出口贸易总额下降83.8%，比上年降低46.6个百分点。进口贸易总额下降31.9%，比上年降低33.7个百分点。

从进出口品类来看，朝鲜矿物性燃料、服装、水产品的出口减少近100%，食用果实、坚果类出口同比大幅减少94.5%，钟表和假发类出口则分别增长1533.7%和159.3%。朝鲜进口规模最大的产品为矿物油，进口额占比为13.7%；电子产品、锅炉及机械类进口额分别减少97.6%和96.9%。在进口规模整体缩小的情况下，动植物油脂进口和从中国进口的化肥同比分别增长27.9%和132%。[③]

联合国安理会相继通过第2371号和第2375号对朝鲜的制裁决议，并全面禁止成员国对朝鲜出口工业机械类和运输设备等，

---

① 根据 UNCTAD 数据计算而得。

② https：//www. bok. or. kr/eng/bbs/E0000634/view. do？nttId＝10053001&menuNo＝400069&pageIndex＝10.

③ https：//cn. yna. co. kr/view/ACK20190719000400881？section＝nk/index.

这成为朝鲜对外贸易额大减的主因。

2.4 国际投资

2018 年，朝鲜吸引外国直接投资 5197 万美元，增长了 506.3%，比上年提高 392 个百分点。

2.5 朝鲜与东北亚五国国际贸易

2018 年朝鲜对外贸易总额（不包括韩朝贸易）同比减少 48.8%，为 28.4 亿美元。[①] 这是自朝鲜国务委员会委员长金正恩执政以来朝鲜外贸总额首次降至不到 30 亿美元的水平。

其中，朝中双边贸易额同比减少 48.2%，为 27.2 亿美元。朝鲜对华贸易逆差为 23.3 亿美元，同比增加 19.2%。尽管如此，中国依然是朝鲜最大的贸易伙伴，在朝鲜对外贸易中，朝中贸易额占比达到有史以来最高的 95.8%，其后依次为俄罗斯、印度、巴基斯坦。

2.6 朝鲜与东北亚五国国际投资

朝鲜对外经济相金英才出席在中国长春举行的第 12 届中国—东北亚博览会开幕式（暨第 10 届东北亚合作高层论坛）时表示，希望东北亚乃至世界各国积极参与朝鲜的经济开发项目。金英才表示，朝鲜已经划设 20 多个经济开发区，积极完善相关法律制度。朝鲜通过战略决断和不懈的努力营造了半岛和平氛围，东北亚和平与稳定得到了保障。朝鲜正在努力扩大与世界各国的经济合作，营造有利于投资的环境。他

---

① https：//cn. yna. co. kr/view/ACK20190719000400881？ section＝nk/index.

强调，世界各国投资者关注朝鲜，朝鲜毗邻中国东北三省和俄罗斯远东地区，地缘优势有利于开拓东北亚和太平洋地区之间的经贸通道。①

---

① http：//finance. sina. com. cn/roll/2019 - 08 - 23/doc - ihytcern3016617. shtml.

3 朝鲜经济发展评价

3.1 对朝鲜经济形势的评价

朝鲜的经济承受力和忍耐力具有一定的韧性，如果能够通过谈判来争取一个有利的发展环境，使国际制裁有所松动，则能够带动出口煤炭等矿产品创汇，从而增加对生产资料和消费品的进口，国内经济形势也会出现好转。朝鲜提出的"高举自力更生旗帜，打开社会主义建设新的前进道路"也向国际和国内民众传达了要坚持发展自主性经济建设的决心。①

新的战略路线实施以来，朝鲜各行业掀起了经济建设的新高潮。诸多现代社会生活设施的打造，以及一系列能源项目建设的完工和推进等，展示出朝鲜经济发展有了一定的起色。此外，朝鲜还通过重点发展旅游产业，吸引外国人赴朝鲜旅游。

3.2 朝鲜经济政策的评价

韩国前统一部长官李钟奭（世宗研究所首席研究员）分析认为，朝鲜的经济发展观目前正在从传统的重视阶级、生产关系和主张军事优先的发展战略转变成"以生产力为中心"的发展战略。这意味着朝鲜正在尝试从根本上改变其经济结构。他从朝鲜国家战略路线转变、改革、开放和科学技术革命四个方面分析并

---

① 满海峰. 朝鲜经济砥砺前行，区域合作方兴未已［J］. 世界知识，2019（14）：24－25.

证实了他的观点。第一，2018年4月，朝鲜国务委员会委员长金正恩在劳动党中央委员会第七届三中全会上宣布结束"经济与核武器并列发展"的路线，开始启动"集中精力进行经济建设"的路线，并通过修改宪法，将新的路线纳入制度化范畴。李钟奭认为，"这说明朝鲜正在朝着适合发展经济的方向调整经济结构，将国家资源优先配置到经济建设而非军事领域""朝鲜正从一个以军事为中心的国家转变成一个以经济建设为中心的国家"。第二，朝鲜一方面采取了"社会主义企业责任管理制度"，从而有利于提高工人的积极性和竞争意识；另一方面采取允许农民单独进行生产和分配的"土地责任制"。李钟奭将前者定义为"朝鲜经济改革的象征"，将后者解释为"朝鲜以集体主义为中心的生产方式发生了重大变化"。第三，朝鲜在2018年4月修改了宪法，明确用内涵更广的"对外经济关系"替代原"对外贸易"，并决定在平壤设立恩情高新技术开发区、江南经济开发区"特殊经济区"等，以促进全国范围的经济开放。李钟奭认为"受制于高强度的制裁，朝鲜的开放目前还仅仅停留在旅游和有限的劳动力输出方面"，他表示"金委员长特别关注的三池渊、元山葛麻、阳德郡温泉工程都是以旅游项目为主，其中元山葛麻和阳德都不是边境城市，这些地方的开发必将伴随着朝鲜内陆的开放""发展旅游产业是推动朝鲜实现不可逆转的经济开放的重要措施"。第四，从金正恩委员长提出的"如果忽视人才和科学技术，国家就会灭亡"可以判断，朝鲜已经将科学技术革命放在非常重要的地位。①

2018年，朝鲜在稳定了国内政局后，宣布全国的工作重点转移到经济建设上，并在全国划定了27个经济开发区和特区。与此

---

① http：//china. hani. co. kr/arti/northkorea/7425. html.

同时，朝鲜采取有效措施，加强了与中国的沟通与合作，缓和了南北关系，并实现了朝美领导人会晤，树立了积极、务实、开放的国际形象。

在国家治理上，朝鲜高度重视国民经济运行中传统计划经济体制发挥的支柱性作用。例如，朝鲜对于矿山、农土产品、渔业、有限的工业产品及军工产品等主要自然资源的管理实行统一要求，同时规定了严格的审批制度，管控国内企业使用这类资源。

同时，朝鲜出台相关的鼓励政策，推动平壤周边地区招商引资，旨在使朝鲜成为新兴投资市场。朝鲜关于外国资本投资的法律大体分为两条线：一方面，韩国企业直接投资朝鲜时，需要遵循《韩朝经济合作法》；另一方面，其他外国资本投资朝鲜则适用《外国人投资法》。这一规定的初衷是减少特定国家的投资风险，从而方便投资者根据不同情况作出最优选择。不过，朝鲜的经济和投资法都不甚明确，有些具体条款可以任意解读，给投资的执行带来了一定的不确定性。①

此外，朝鲜经济强国政策具备以下几个特征：第一，集中一切力量搞活经济建设；第二，强调独立自主，"只有自力更生，才能是个活路"，这也是朝鲜对独立自主的一种理解，并不是要否定对外交往；第三，重视知识、人才、教育和科技发展；第四，实行内阁责任制和内阁担当制，强化内阁作为经济司令部的作用，直接担当经济建设，统一指挥所有经济部门；第五，改善旧的经济管理方法，积极推动社会主义企业责任管理制。②

---

① http://china.hani.co.kr/arti/economy/5913.html.
② 李成日，钟飞腾. 对朝鲜大力发展经济的实地考察 [J]. 世界知识，2019 (16)：28 – 30.

3.3 朝鲜与东北亚各国经济合作的评价

自 2018 年 4 月朝鲜劳动党于七届三中全会提出"集中一切力量进行社会主义经济建设"和"积极同周边国家和国际社会密切联系和进行对话"以来，朝鲜展现了其集中力量进行经济建设和对外开放的决心。随后，无论是金正恩访华以寻求中国在政治和经济上对他的支持，还是积极与韩国保持沟通，试图通过朝韩两国首脑会晤来达成双方在半岛无核化与永久和平问题上的共识，抑或通过朝美间元首的直接对话，寻求打破国际制裁牢笼的途径等，都体现了朝鲜与国际社会合作的意愿。

韩国贸易协会（Korea International Trade Association，KITA）2018 年 12 月发布的报告《朝鲜十大贸易伙伴与商品项目走势及启示（2001—2018）》显示，2018 年中国与朝鲜的贸易额在朝鲜所有贸易伙伴中所占比例已经从 2001 年的 17.3% 上升到 91.8%，增加了 4.3 倍；韩国 2010 年与朝鲜的贸易额占朝鲜对外贸易总额的 25%，韩国成为当年朝鲜的第二大贸易伙伴，自 2016 年开城工业园关闭以来，朝韩贸易则完全中断；与朝韩贸易境况相似的还有朝日间贸易。该报告分析认为，朝鲜与韩国、中国、日本之间的贸易是竞争性的，而非互补性的。

KITA 有关人员表示，过去近 20 年，朝鲜的贸易伙伴和贸易商品受对外关系局势变化影响很大。如果今后对朝鲜的制裁能够部分放松甚至解除，则朝鲜与韩国和日本间的贸易有可能再次回暖，因为朝鲜对产自韩国和日本的部分质量优良的化学、电子、机械产品有很大需求。然而，如果国际上继续执行严重制裁，朝鲜将继续被禁止向其他国家输出劳动力，朝鲜的旅游业将继续受到打击，那么朝鲜的外汇收入将进一步缩减，朝鲜对国际合作包括半岛合作的需求将提升。①

3.3.1 朝鲜与韩国

2018 年 4 月，金正恩与文在寅在板门店举行了第三次朝韩首脑会晤并签署《板门店宣言》，明确了半岛无核化的目标，提出了积极推动朝韩美三方或朝中韩美四方会谈；将"停战协定"转换为"和平协定"，构建永久和平机制；双方加强交流合作，在开城设立共同联络事务所等主张。同年 7 月，朝鲜《劳动新闻》发文指出"以地区经济一体化形式发展的南南合作正在成为瓦解帝国主义者的新殖民支配体系的因素"，被认为与文在寅提出的"东北亚经济一体化"设想相呼应。② 2018 年 9 月，文在寅访朝期间，双方签署了《9 月平壤共同宣言》，决定消除半岛全境的战争威胁，从根本上解除敌对关系，扩大交流与合作，决心把南北关系提升到新高度。随后，朝韩两国经济、文化等方面继续增进交流，进一步促进了朝鲜融入区域合作。

3.3.2 朝鲜与俄罗斯

俄罗斯作为朝鲜的北方重要邻国，已连续多年受到欧美发达国家的制裁，目前表现出了与朝鲜合作的积极态度。随着俄罗斯与欧美发达国家关系的日渐紧张，其国际战略也向东倾斜，东北亚区域合作的实现有利于推动俄西远经济发展。俄罗斯有意通过俄朝韩三方铁路建设及能源合作项目，将西伯利亚大铁路与朝鲜半岛铁路相连接，从而打造跨朝鲜半岛的能源输送管线，并推动

---

① http：//www.kita.org/about/newsView.do？id＝&no＝2476&searchWrd＝&pageIndex＝1.
② 曹然，徐方清，甄宏戈."制裁困境"下的朝鲜对外经济合作 [J]. 中国新闻周刊，2018（32）.

东北亚能源外交。

3.3.3　朝鲜与日本

由于日本与美国的盟友关系，日本对朝鲜的态度不够明朗。一方面，日本跟随美国的步伐，借助"朝鲜威胁论"壮大其自身的军事实力，并与美国结成军事同盟。另一方面，日本希望把经济援助、双边贸易贸易等经济方面的合作作为朝鲜让步的筹码，并抢占朝鲜经济开发的先机，从而增强其在东北亚区域合作中的话语权。

3.3.4　朝鲜与蒙古国

作为东北亚五国之一，蒙古国的政治、经济影响力相对较弱，其对朝合作战略旨在巩固、发展双边关系，通过推动"乌兰巴托对话机制"的建立，促进地区稳定，带动自身发展，提升区域影响力。面对朝鲜所受的国际制裁，蒙古国扮演着调和者角色，但是难以发挥实质作用。①

3.3.5　朝鲜与中国

2018 年，随着朝鲜主动调整其外交政策，朝鲜半岛局势日渐好转。2018 年 3～6 月，金正恩先后三次访问中国，并与中国就传承发展中朝友谊、缓和半岛紧张局势及实现半岛和平对话等方面达成了共识，使中朝关系进入新的发展阶段。伴随着朝鲜半岛无核化进程明朗化和中国"一带一路"倡议的持续推进，中国与

---

① 王豪. 朝鲜参与东北亚区域合作问题研究（下）[J]. 东北亚学刊，2019（6）：39 – 51.

朝鲜的经贸关系也迎来了新局面。① 当前，中朝两国在不违反联合国安理会制裁决议的前提下，正在逐步恢复并扩大两国的交流与合作机制。中国延边朝鲜族自治州、丹东市与朝鲜罗先经贸区、新义州经济特区已打下了比较深厚的合作基础。②

---

① 张慧智，金香丹．新形势下中国与朝鲜半岛经济关系（二）：中国与朝鲜半岛经济关系前景［N］．参考消息，2019 – 01．

② https：//baijiahao. baidu. com/s？ id = 1624149000342985462&wfr = spider&for = pc．

4 朝鲜经济发展展望

4.1 朝鲜总体经济发展趋势展望

4.1.1 GDP

据瑞银集团经济学家 Li Zeng 和分析师 Yong – Suk Son 预计，若朝韩实现统一，朝鲜在未来 20 年间将能够为朝鲜半岛半岛贡献 24% 的 GDP。目前，朝鲜的贡献度只有 1.1%。如果朝韩两国仍保持各自独立，且朝鲜能够实现在和平的环境下发展经济，则在未来的 20 年，其人均 GDP 可能至少增长 8.3 倍，年增长率能够达到 11.2% ~17.4%。瑞银集团还指出，朝鲜现有的自然资源储备极其丰富，市场价值约 4 万亿美元，是朝鲜当前 GDP 的约 225 倍。如果能够合理利用朝鲜的资源储备优势，加上朝鲜丰富的、受过良好教育的劳动力资源，朝鲜有望实现经济增长。

花旗银行 Jin – Wook Kim 团队报告则指出，朝鲜经济的腾飞需要投入 631 亿美元的成本来建设和完善基础设施，其中包括铁路、公路、机场、海港、发电厂、矿产、炼油厂和天然气管道等运输体系。受国际社会对朝鲜制裁及朝鲜高达 GDP 23% 的军费开支所限，朝鲜基础建设投入将无法得到满足。此外，由于韩国是否能够从朝鲜的经济改革中获益以及获益空间都未可知，因此韩国对朝鲜扶持和投资的意愿也无法确认。但是，能够确认的是，韩国扶持朝鲜、参与朝鲜的经济发展项目，可以降低地缘风险预期，提振半岛经济发展信心。

由于朝鲜经济对外贸的依赖程度较高，因此可以预测，如果国际制裁没有缓解，朝鲜的 GDP 将进一步下滑。

4.1.2 物价

由于缺乏朝鲜物价相关数据，因此对朝鲜物价的预测只能停留于比较浅显的分析。可以知道的是，朝鲜当前虽然初具市场经济规模，但是还存在计划内配给制度，定价采取价格双轨制，即计划内物价和计划外物价共存。一般来说，计划内物价较低，主要凭现金、商品券或购物证进行购买；计划外物价则较高，一般由市场自由定价。[①] 同时，朝鲜的物价基本保持稳定。

4.1.3 就业和收入

根据国际劳工组织（ILO）发布的《世界就业和社会展望：2019 年趋势》，亚太地区经济将继续增长，但是与前几年相比，速度将放缓；同时，截至 2020 年，该地区失业率将保持在 3.6% 左右，低于全球平均值。但是，贫困程度最高的那些国家的社会保障覆盖率依然极低。ILO 的数据显示，2019 年朝鲜的失业人口预计将达 45.2 万人，失业率将达 2.7%。其中，男性失业率将达 3.1%，女性失业率将达 2.3%。

2018 年，朝鲜的名义国民总收入和人均收入双双降低，未来如果贸易继续疲软，难以找到经济增长点，人均收入将进一步降低。

---

① https：//zhuanlan. zhihu. com/p/25969377.

4.1.4 对外贸易和投资

2018 年，虽然朝鲜半岛的局势有所缓和，但是国际社会对朝鲜制裁的负面效应凸显。未来如果制裁继续，朝鲜出口创汇的主要来源，如煤炭、矿产品和纺织品等将继续受到波及；受出口创汇能力下降的影响，进口也将出现大幅下滑的局面。

投资方面，由于朝鲜现有的运输体系无法满足未来发展的需要，亟须解决基础设施不足的问题，因此可以预测未来朝鲜将重点吸引外资建设基础设施。同时，传统工业中的第二产业需大量更新、改造现有生产设施和装备并投入先进技术，旅游、科技、物流等第三产业亟待发展，这为外资进入朝鲜市场提供了契机。此外，朝鲜为了争取成为俄罗斯油气资源向东北亚地区输送的重要中转站，提高自身能源安全性，将加大在能源领域的投资力度。[①]

4.2 朝鲜与东北亚经济合作的展望

2018 年，朝鲜半岛局势走向缓和，这使一度陷入停滞的东北亚经济合作重新焕发了希望，面临重大的历史机遇。一方面，由于地缘环境的改善，相关国家间的合作可以重新提上日程，如朝韩铁路对接等的合作项目重启。另一方面，随着朝鲜半岛局势的缓和，中国的"一带一路"倡议可以向东北亚地区倾注更多的资源。目前，俄罗斯、蒙古国和韩国被纳入"一带一路"倡议沿线国家名单，朝鲜和日本也表现出积极的态度。与此同时，中国东北各省为切实加入东北亚经济合作，相继推出对应的方案，例如

[①] https://news.pedaily.cn/201804/430678.shtml.

辽宁省提出探索共建"东北亚经济走廊",以助推"一带一路"向东北亚地区延伸。①

伴随着大环境的向好,预计朝鲜将推出适合本国经济发展和顺应东北亚经济合作潮流的财政、金融政策,利用与中美两国的关系,修复并打造稳定的金融体系,发展本国资本市场。同时,朝鲜也将承接中国、韩国中低端制造业的转移,吸引外商投资,发挥劳动力丰裕的优势,加大劳动密集型产品的生产和出口力度。此外,朝鲜将进一步推动实施相关鼓励政策,推动中朝罗先经济特区、中朝黄金坪经济区、朝韩开城工业园等特区尽早发挥作用。在中朝两国领导人达成全面促进两国人员交往的共识指导下,中国很可能将尽快恢复朝鲜各经贸区官员来华研修机制,并逐渐推动吉林、辽宁参与"一带一路"倡议,提高边疆地区经济活力,带动朝鲜沿江地带参与区域经济合作。随着图们江地区开发的深入,预计中朝双边贸易与投资活动将日益活跃,朝鲜也将联合中国与俄罗斯,推动图们江地区成为东北亚重要的物流周转中心。

2019 年 12 月,在联合国总部纽约召开的讨论朝鲜局势的联合国安理会会议上,中国和俄罗斯正式要求联合国安理会解除部分对朝鲜制裁的决议草案。中方和俄方在草案中表示,在建立新的朝美关系、建立互信、共同致力于朝鲜半岛稳定和持久和平的同时,欢迎朝美之间所有级别之间的持续对话。据悉,草案中包括将韩朝铁路公路合作项目从制裁对象中免除的内容。路透社还报道称,其中包括解除禁止朝鲜出口海产品和服装的规定,以及

---

① https：//baijiahao. baidu. com/s？ id = 1660690787298125083&wfr = spider&for = pc.

解除遣返所有在海外工作的朝鲜工人的规定①。但是，美国对中俄的提案明确表示反对，称"现在不是安理会考虑放宽制裁的时候"。美国的这一立场再次确认了朝鲜在无核化问题上没有采取实质性措施之前，不能改变现行对朝制裁的基本方针。但是，由于中俄两国正式要求放宽对朝制裁，有观点认为朝鲜很有可能因为中国和俄罗斯此举而视二者为盟友。

（北京语言大学商学院、经济研究院　陈蕾）

---

① 现行安理会决议规定，在海外工作的朝鲜劳动者须在 2019 年 12 月 22 日之前被遣送回朝鲜。

附 录 一

人口与东北经济发展：
历史演化与政策建议

2018 年 9 月，习近平同志在深入推进东北振兴座谈会上的讲话中指出：东北地区是我国重要的工业和农业基地，维护国家国防安全、粮食安全、生态安全、能源安全、产业安全的战略地位十分重要，关乎国家发展大局。

当前，制约东北经济发展的诸多因素如体制障碍、产业结构不合理、资源依赖过重等已为各界所公认，但人口问题日益凸显，已经成为制约东北经济振兴的关键因素。

鉴于东北拥有非常丰富的资源和良好的经济基础，依然是我国中等发达地区，建议建立"促进东北人口优化增长试验区"，采取一揽子促进人口优化增长的举措和配套体系，应对人口问题，为振兴东北经济以及未来全国人口战略优化提供经验。

一、东北人口兴衰的历史演变及其原因

当前，全球的生育低洼在中国，中国的生育低洼在东北。从 2015 年开始，东北人口自然增长率连续为负值。2019 年，东北三省的人口自然增长率均为负值。若考虑全面放开二孩政策导致的堆积反弹因素，东北的人口出生率可能要比现在低 30% 左右。黄文政等学者研究认为，东北人口危机比全国早 5～15 年，东北的今天可能就是中国的明天。

因此，非常有必要将东北人口兴衰的历史及其原因梳理清楚，以便对症下药，解决东北人口危机问题。

（一）历史上人口增长与东北经济兴起

东北是自清朝以后才形成的一个地理区域概念。清初东北人口并不多，据统计，1644 年，东北人口只有 40 万人，占全国人口（1.52 亿人）的 0.26%。为使连年遭受战争摧残的东北恢复

生机，从顺治十年（1653 年）到康熙六年（1667 年）的 15 年间，实行"辽东招垦"政策，招募关内农民到东北开荒，然而放垦时间不长，迁移的民众并不多，而且从康熙七年（1668 年）开始，统治阶级为保护东北"龙兴之地"而对其实行了长达 190 多年的严厉"封禁政策"，东北人口增长较为缓慢，直到 1839 年，东北人口才增长到 299 万人，约为全国人口的 0.74%。

鸦片战争以后，在边疆危机和黄河下游连年遭灾的特定背景下，清政府实行鼓励移民东北的政策，"闯关东"移民潮由此开始。1871 年，东北地区人口为 402 万人；到了 1911 年，人口迅猛增加到 1996 万人，占全国人口（3.68 亿人）的 5.42%。

自民国成立开始，政府通过颁布《国有荒地承垦条例》等措施鼓励关内移民来东北垦殖，迁入东北的移民不断增加，形成近代东北第一次移民高潮。1912—1923 年的十余年间，东北移民年增长数量为 20 万~30 万人，其中关内移民占绝大多数。到了 1930 年，这个数字攀升到 2996.1 万人。

"九一八"事变后，东北地区的移民高潮中断。1932—1937 年，关内人口移入东北总数为 2596708 人，而迁出人数为 2358381 人，迁出的人数占移入人数的 90.82%。

1938 年以后，日本对东北资源进行疯狂掠夺，为解决劳工不足的实际问题，大力招募劳工，用于满足开采矿山、修筑铁路及军事设施等需要。东北地区的关内移民数量又开始回升。1938—1942 年，迁入东北人数和迁出人数与前几年相比发生了较大变化，存留比基本在 40% 以上，1939 年甚至达到了 60.3%，形成了近代东北第二次移民高潮。这其中包括大量被日本强制征集和招骗来的军事劳务移民和产业移民。

一方面，大量的东北移民可以与边防军同守边疆，有利于加强东北的边防，抵御列强对东北地区的侵略，在东北近代化进程中起到了催化剂的作用；另一方面，可以加速东北地区的开发，发展东北地区经济。清末以来，东北是世界人口增速最快的地区，这在人类历史上也是绝无仅有的。充足的人口资源，加上丰富的自然资源，使东北成为当时中国最发达的地区，1943 年东北煤的产量占全国的 49%，生铁产量占 87% 左右，钢材产量占93%，电力占 78%，铁路线占 42%。1942 年东北城市化水平达到 23.8%，相当于全国 1986 年的水平。我国东北在 1945 年时甚至超过日本，成为亚洲第一经济体。

（二）中华人民共和国成立后东北地区的人口优势与贡献

中华人民共和国成立之时，东北仍具有较大的人口优势，加上良好的自然资源禀赋、地理位置以及产业基础等因素，苏联对中国 156 个援助项目中，有 57 项设在东北。东北地区在中华人民共和国成立初期是我国的重工业基地，这一时期东北因其在我国经济发展历程中的作用而被称为"共和国的长子""重工业摇篮"。

由此，一方面，从全国各地抽调各种技能工人的指令性迁移，使东北地区的人口总量迅速上升；另一方面，东北地区经济发展领先于全国其他地区，人民生活条件明显改善，人们的生存条件也较为优越，而且东北地区建设吸引了大量的来自各地的年轻移民，他们大多数处于婚育年龄，所以在某种程度上也提高了东北地区的出生率水平，使人口的自然增长速度加快。1953 年，全国人口自然增长率为 23‰，辽宁、吉林和黑龙江分别为30.0‰、30.9‰、32.2‰，均高于全国平均水平。

尽管后来的"三线建设"等对工业进行重新布局，但是基于东北的工业基础、人口、资源等优势，东北一直是全国经济的重镇。1978 年，辽宁地区生产总值为 229.2 亿元，全国排名第 3 位；黑龙江地区生产总值为 174.81 亿元，全国排名第 8 位；吉林地区生产总值为 81.98 亿元，全国排名第 18 位。

（三）计划生育政策实施后东北人口减少的程度远比我国其他地区严重

20 世纪 70 年代，我国大力推行计划生育政策，尤其是 1982 年，我国将计划生育定为一项基本国策，控制人口的工作效率进一步提升，使人口出生率和自然增长率大幅下降，其中东北是下降最快的。

其原因在于，当时东北经济主要靠重工业支撑，城市居民以在大型国企工作者居多，很多城市家庭都是国企"双职工"，一旦超生，将会对工作造成很大影响，因此东北地区超生的情况相对于其他地区偏少，计划生育政策的执行比全国其他地区更快速、更坚决。于是，从 1980 年开始，全国的出生率开始赶超东北三省。

统计显示，1978 年东北三省的人口为 8672.9 万人，占全国总人口的 9.0%；2015 年东北三省人口达到 1.08 亿人，占全国总人口的比重降至 7.9%。1978—2015 年，东北人口占全国总人口的比重下降了 1.1 个百分点。东北地区的人口年平均增长率是远低于全国平均水平的。1978—2011 年，总人口逐年增长，但增长率逐年降低。到了 2012—2015 年，人口总量开始下降，呈现负增长态势。

一个地区，如果要保持上下两代之间人口基本平稳，也就是说达到正常的"人口更替"水平，总和生育率要在 2.1 ~ 2.2，即每位育龄女性一生生育超过 2 个孩子。然而，第六次全国人口普查显示，辽宁、吉林、黑龙江的总和生育率分别只有 0.74、0.76、0.75。按照国际标准，低于 1.3 被称为"超低出生率"，东北三省的情况更为严重，出生率非常低。如果生育率是 0.8，那么相对于 2.1～2.2 的稳定人口更替水平，每一代人出生人口总数将减少约 2/3，步入"人口坍塌"的危机。

计划生育政策实施后，东北人口增长率快速下降，劳动年龄人口增长率大幅下降，经济增长日益下降。东北地区劳动年龄人口的下降速度快于全国平均水平，2001—2010 年的下降速度比 1991—2000 年低 8.7 个百分点，但同时期的全国平均水平下降了 3.6 个百分点。由此，人口要素对经济的贡献由正向转为负向。尤其是在 2013 年后，人口对经济增长的负向贡献持续加深，2015 年的贡献率降至 -19.7%。

1980 年全国人均地区生产总值排行中，辽宁、黑龙江、吉林分别为第 4 名、第 5 名和第 8 名，经济总量占全国的 13.2%。东北国有企业职工众多，人口素质水平相对较高，对经济也起着促进作用；同时，经济发展迅速也对人才具有较大的吸引力。但是，辽宁、吉林、黑龙江在 2015 年全国人均地区生产总值排行中分别为第 9 名、第 12 名、第 21 名，经济总量占全国的比重也降至 8.4%。

（四）相对较高的生养成本抑制了东北人口的增长

生育和抚养的成本决定着生育意愿，而东北的生养成本相对更高。从全国范围来看，住房、教育、医疗等直接成本较高是抑制生育行为的"三座大山"，独生子女夫妇"四二一"的家庭结构养老负担重、挤压生育意愿，女性劳动参与率较高但就业权益保障不够，导致机会成本较高，年轻人"不想生、不敢生"。

与我国其他地区相比，东北的生养成本更高。东北是我国国企占比最高的区域之一。改革开放以来，随着国企改革的深入推进，大量工人下岗。据《中国劳动统计年鉴（2005）》，东北三省的下岗职工数在 1998—2000 年占据了全国总下岗人数的 1/4 左右，辽宁和黑龙江的历年下岗职工人数多次跃升至 50 万人以上，而同期的上海、浙江最多也不过 10 万人左右。东北下岗工人比例高，收入不高，城镇化率又高于全国平均水平，生活成本相对更高。但是，东北的城镇居民人均收入水平低于全国平均水平，例如 2017 年，黑龙江城镇居民人均可支配收入排名为全国倒数第 3 名，辽宁倒数第 4 名，吉林倒数第 6 名。

于是，东北的生育意愿较低，甚至老人也不愿意让子女多生孩子。2015 年 10 月，国家出台政策，全面放开二孩，然而根据《社会蓝皮书：2016 年中国社会形势分析与预测》，2015 年人群生育意愿和生育计划调查显示，东北地区的生育意愿仅为 1.76 个，远远低于其他地区（华中南地区为 2.08 个，西南区、华东区和华北区为 1.94 ~ 1.95 个）。

二、人口问题对东北振兴的制约和东北安全的影响

近年来，日益增长的人口危机问题日益凸显，已经成为制约东北经济振兴的关键因素。不仅如此，它还将导致东北财政负担更为沉重，甚至导致东北地缘优势的丧失和区域安全风险的提升。

（一）人口因素将成为制约东北经济振兴的关键因素

在社会经济发展过程中，人口是重要的因素。亚当·斯密就

曾在《国富论》中表达过人口增长和专业分工之间相互促进、人口增长和经济增长同步发展的思想。中央党校教授周天勇通过对国内外人口与经济发展的研究发现，存在一个经济学定理，即如果一个国家或地区的人口生育率和增长率波动较大，人口生育率将滞后并较大程度地影响到 20 年以后的经济增长率。具体而言，当一个国家或地区人口总和生育率长期为 2.1 左右时，人口长期平稳增长，人口增长率因素对 20 年以后经济增长率的波动影响较小；而人口总和生育率偏离 2.1 的水平时，视幅度的大小，20 年以后经济增长速度或者上行，或者下行。

当前，东北面临的最主要的人口问题是生育率太低，而不是人口外流。2010 年之前，东北的人口仍然是净流入，无论总人口还是年轻人口；即便是 2010 年，20～39 岁年轻人口依然保持净流入，流入了 0.4%。2010—2015 年，辽宁略有流入；吉林、黑龙江略有流出，均不足 0.1 个百分点。2019 年，东北三省常住人口减少了 42.73 万人，但也不过是 0.39%。总体来说，东北人口流失率还是非常低的。

东北年轻劳动力占全国的比重不断下降，是因为长期的低生育率。从总和生育率来看，根据第六次全国人口普查数据，广西、贵州均超过 1.7，而辽宁、黑龙江、吉林则不到 0.8，东北三省的生育率在全国垫底。由于超低的生育率，东北的少子化问题非常突出，比日本还要突出。2019 年日本出生率为 6.9‰。同年，东北三省总人口为 1.079 亿人，若能达到日本的出生率，应出生 74.45 万人，但实际仅出生 65.91 万人。东北的出生率比严重少子化的日本还要低。

超低出生率导致东北人口从 2015 年开始负增长。到了 2019 年，东北三省的人口自然增长率均为负值，其中，辽宁省人口自

然增长率为 - 0.80‰，吉林省人口自然增长率为 - 0.85‰，黑龙江省人口自然增长率为 - 1.01‰。社会经济的发展是以人口的持续增长为前提的，因为人口是经济的根本，没有人就没有经济。人口的增长不仅能扩大消费，还将创造供给，经济发展的各个环节都离不开人口。因此，人口的变动和发展必然给经济发展带来影响。国内外无数国家和地区的发展证明，人口越多，居住越密集，现有需求和供给的匹配越容易；人口越多，现有的需求和供给越可细分，专业化程度越高，劳动效率越高；人口越多，越容易产生新的需求和供给，孕育新的产业和经济增长点。第六次全国人口普查数据显示，东北地区 45 ～ 64 岁、30 ～ 44 岁、15 ～ 29 岁、0 ～ 14 岁人口分别占全国的 10.2%、8.8%、7.2%、5.8%，这意味着今后东北地区总人口占全国的比重将趋于快速下降，加上东北人口出生率低及人口外流等因素，东北地区总人口数量的加速减少将使其现有需求和供给减少，从而导致东北地区经济发展缺乏活力，严重影响其经济复苏。

（二）人口负增长及老龄化导致东北财政负担更为沉重

近年来，我国东北地区一直面临严重的财政支出压力，而人口负增长和严重的老龄化将加大这种压力。

首先，超低生育率导致人口负增长，从而导致整个东北的消费不足，内需不振，拖累经济增长。经济增长乏力，财政收入也将随之减少，但财政支出需求较大，从而加大了财政压力。例如，2018 年前三个季度，吉林省一般公共预算地方级收入为929.9 亿元。同期，吉林省一般公共预算财政支出为 2661.4 亿元。根据上述数据可以判断，吉林省的一般公共预算财政支出，超过一半需要靠发债、借贷及中央转移支付等方式维持。

2018 年，辽宁省本级（含沈抚新区）一般公共预算收入为 110.9 亿元，省本级（含沈抚新区）一般公共预算支出为 773.8 亿元，同样需要依靠发债等方式维持大量的支出。辽宁省 2018 年全年发行政府债券 1779.4 亿元，其中置换债券 1023.1 亿元，再融资债券 528.3 亿元，新增债券 228 亿元。2018 年黑龙江省全省一般公共预算收入完成 1282.5 亿元，一般公共预算支出完成 4675.7 亿元，缺口同样较大。

到了 2019 年，财政的数据有所恶化。不考虑其他收支因素，2019 年，吉林省一般公共预算地方级财政收入缺口为 2816.5 亿元，辽宁省的缺口高达 3109.4 亿元，黑龙江省的缺口高达 3748.9 亿元。

其次，老年人口增多会增加地方社会保障压力。东北老龄化严重，给社会保障带来巨大压力。东北三省的老龄化程度高于全国平均水平，如 2019 年辽宁省 60 周岁及以上人口占常住人口的 24.7%，比全国平均水平高 6.6 个百分点；吉林省人口老龄化程度比全国平均水平高 2.38 个百分点；黑龙江省 65 岁及以上人口占常住人口的 13.8%，比全国平均水平高 1.2 个百分点。老龄化导致养老金的结余情况不容乐观，东北三省养老金余额占全国的比重由 2006 年的 13% 一路下降至 2016 年的 2.4%。2019 年养老金缺口前五大省份中，东北三省榜上有名，其中辽宁、黑龙江位居前两名，辽宁的养老金缺口达 215 亿元。

（三）东北人口稳定对我国具有重要的地缘意义

东北三省地处东北亚核心区域，周边有俄罗斯、日本、韩国和朝鲜等，在地缘政治和国土安全上对中国有重大意义。

历史上，清政府为了稳定地缘政局出台的"移民实边"政策、民国时期为了鼓励关内移民到东北垦殖出台的政策，均推动了东北人口的迅速增长和东北经济的兴盛。凭借丰富的人口资源、坚实的经济基础，从抗日战争到解放战争再到抗美援朝，东北均作出了重要贡献。

当前，东北亚政局仍存在不确定性。对于我国而言，确保东北人口数量不减少、加快实现东北经济振兴，是确保和稳步提升地缘优势、维护区域安全的重要基础。若按照当前的生育率，预计东北出生人口每代人减少 2/3，其中 2017—2027 年，东北出生人口将从 70.5 万人减少到 39 万 ~49 万人，萎缩 30% ~45%，这将是人口的坍塌，意味着地缘优势的丧失和区域安全风险的提升。

三、对策建议

从历史来看，东北"兴也人口，衰也人口"。而今，东北是我国人口危机出现最早、程度最严重的区域。人口问题逐渐成为制约东北经济振兴的关键因素，还将导致我国在东北亚的地缘优势的丧失和区域安全风险的提升。

鉴于东北拥有非常丰富的资源和良好的经济基础，依然是我国中等发达地区，建议以东北为试验区，采取一揽子促进人口优化增长的举措和配套体系，应对东北人口危机，为振兴东北、维护国土安全，以及未来全国人口战略优化提供宝贵经验。

（一）在东北建立"促进东北人口优化增长试验区"

东北区域的生育意愿全国最低，人口老龄化最严重，面临"人口坍塌"的风险。如果某种鼓励生育的措施在东北奏效，更有可能在其他地区奏效。建议国家在东北建立"促进东北人口优化增长试验区"，从观念到体制再到举措上，实行大力度、突破性的改革，尽快扭转东北人口困局。

一是统一认识，将东北的人口问题上升到地缘政治、区域安全和东北区域经济振兴的高度，将促进东北人口优化增长作为加快实现东北经济振兴、确保和稳步提升地缘优势、维护区域安全的重要基础。

二是将重视人才与普通人的生育率并重，尤其是将生育率作为振兴东北的主要评估指标，将总和生育率的目标定为 2.1 ～ 2.2。只有人口实现了持续增长，才意味着东北的经济走向了可持续的振兴之路。

三是试验区先行先试，构建以促进东北人口优化增长为目标的人口政策体系。通过部门协同，废除阻碍人口生育的各项政策措施，并出台突破性的人口新政和相应的配套政策体系，尽快扭转东北的"人口坍塌"局势。

（二）出台促进东北人口优化增长的一揽子措施和配套体系

法国、瑞典、俄罗斯的实践经验表明，合理的生育政策及配套措施可以使生育率回升，可以有效避免落入"低生育率陷阱"。与此同时，日本、德国的例子表明，力度不够的措施或者不完全针对国情的措施都会使政策无法达到预期效果，生育率会持续处于低水平。因此，要高度重视东北人口问题，以建立试验区为切入点，出台一揽子促进东北人口优化增值的举措和配套体系。

1. 降低生育成本和养育成本

一是完善女性就业法规与政策体系，大力降低生育的机会成本，尤其是不能让妇女因为生育而失去工作，失去职业发展的机会。同时，政府及相关机构增加资金和相关技术人员的供给，加强女性的职业教育和培训，提高女性在劳动力市场的竞争力。

二是医疗方面，建议从怀孕到生育阶段的医疗卫生费用，由财政予以负担，降低生育的直接成本。在健康供给方面，更好地发挥政府的作用，着力解决生殖健康服务和妇幼保健服务供给不足的问题。在医疗服务方面，重点建设妇产科和儿科，通过对医疗资源的优化配置，增加生育的医疗资源的可及性，降低生育成本，缓解当前普遍存在的看病难、看病贵的压力。

三是进一步降低教育成本。首先，在儿童照料方面，按照各地的需求大力发展托儿所、幼儿园等机构，充分发挥社区育儿功能，特别是鼓励针对 0～3 岁婴幼儿的社会育儿机构的发展，减轻家庭育儿负担。其次，将幼儿教育特别是学龄前教育纳入义务教育体系，减轻家庭的教育负担。最后，压缩教育年限，将从小学到高中的教育年限由现在的 12 年减少到 10 年；大学教育中的年限也予以适当压缩，如硕士研究生学制除了特殊专业，可改为 1 年。

2. 彻底放开生育管制，大力鼓励多生育

一是全面放开生育管制，允许育龄妇女自主生育，鼓励多生多养。

二是修改《婚姻法》，降低法定结婚年龄。

三是尽快修订相关法律，切实保障自主生育权，废除"社会抚养费"，并尽快解决弃婴、"双户口"等各种问题；允许婚外生育，出生证与结婚证脱钩，非婚生子女在户籍登记、义务教育等各个方面与婚生子女享受同等法律地位。

3. 完善养老政策体系，并构建家庭福利与服务体系

为填补东北的养老金缺口，建议尽快完善养老政策体系，加快推进混合所有制改革，构建在东北的央企、国企等的国有资本划转社会保障基金的制度，使东北的老人无后顾之忧。如果解决了老年人的问题，他们也将愿意让子女生育，并积极为子女的生育提供支持。

除此之外，建议以家庭为单位，为积极多生育的家庭提供幼儿津贴和家庭津贴，由政府分担部分生育成本，分担家庭的经济压力，使家庭有能力购买家政等社会服务，降低子女的照护成本。如建立生育津贴制度，发放母亲/育儿津贴，生育越多的津贴越多。建立祖父母/外祖父母照料 0～3 岁婴幼儿的政府津贴制度。

减免有子女家庭的税收金额，提供住房补贴。其中，子女越多的家庭，税收减免的力度更大，获得的相关补贴越多。

（三）将提升东北生育率与土地住房等改革结合

建议在东北推进深层次的土地改革，不仅降低土地成本和房价，降低生育成本和生活成本，还将大力吸引东北外流人口的回流及外来人口，提升东北的生育率和东北的总人口数量，大力推进东北的经济发展。

一是实现同地、同权、同价，建立城乡统一土地市场，允许集体经营性建设用地平等入市交易，允许东北优先探索农村房屋和宅基地交易对象突破现行法律限制的多种方案，逐步建立城乡一体的房地产市场，实现同地、同权、同价，最终在促进劳动力、土地、资金（用途管制和规划管理基础上）等要素和人口的城乡之间、农业与工业服务业之间的双向流动中，实现土地优化

配置，提高农业劳动生产率，增加东北农村对城市资本和劳动的吸引力。

二是允许国有建设用地和集体经营性建设用地在符合规划的条件下合作建房或自建房，降低居住成本。

三是加快推进国有林场与国有农场的土地改革。建议国有林场实行"分林到户"，即把林地承包给职工，职工不得破坏原有山林，须保证森林覆盖率，林地收益归个人。分林承包不仅有利于提高林场的管护效率，还有利于提高职工的收入，女职工工作时间更为自由，生育的机会成本大大降低。

对于国有农场，建议采取承包经营体制改革，将土地使用权和适度的发展权界定给承包职工，提高其积极性和就业的灵活性，减少女职工生育成本，同时有利于减少农场办社会的职能。

四是加快推进未利用土地开发利用和土地产权改革，以地吸引人，以地养人。东北的未利用土地多达1.467亿亩（其中，黑龙江未利用土地达615.5万公顷，辽宁未利用土地达220.79万公顷，吉林未利用土地达142万公顷）。目前，未利用土地开发技术成熟、成本较低，为鼓励未利用土地开发与利用，建议将土地使用年限延长到99年甚至200年，以稳定土地使用者的预期。为了吸引人口的回流，建议将一定面积的新改造土地免费分给那些在外地就读、回到东北工作的大学毕业生。

（东北财经大学东北亚经济研究院特约研究员、国民经济工程实验室专职学术委员 刘正山）

附　录　二

关于设立土地改革试验区、
振兴东北经济的思考

古典经济学家威廉·配第说过："劳动是财富之父，土地是财富之母。"东北经济的崛起与不振，均伴随着人口与土地利用的起落。关于人口问题，我们已有专文分析。本文拟对东北的土地问题进行研究。

一、土地开发与东北经济崛起：简要回顾

东北的开发，开始于清代，而清代以来的东北经济崛起，伴随着移民和土地的开发。

顺治十年（公元 1653 年），清朝政府颁布了《辽东招民开垦条例》，宣布"开放辽东，奖励官、民招揽、应招"。这一政策仅仅持续了 15 年，从康熙七年（公元 1668 年）开始，清政府为保护东北"龙兴之地"而对其实行了长达 190 多年的严厉"封禁政策"。

咸丰末年，内忧外患，财政出现危机，清政府对东北部分土地进行了"丈放"。所谓"丈放"，即政府向老百姓收价出放官有荒地。咸丰十年（公元 1860 年），吉林、黑龙江土地开禁，荒地陆续丈放。有记载称，自咸丰十一年（公元 1861 年）起至同治七年（公元 1868 年）止，八年时间内仅黑龙江即出放"毛荒二十余万垧"（1 垧等于 15 亩）。

甲午战争之后，清政府实行"移民实边""以利饷源"的政策，决定将东北地区彻底开禁，由此，东北土地开发迈上快车道。据统计，至清末，黑龙江省放荒约为 600 万垧。

自民国成立开始，政府颁布《国有荒地承垦条例》等，鼓励关内移民来东北垦殖。当时的土地政策包括土地丈放、催垦抢垦以及屯垦办法。积极进取的土地政策，吸引了大量的移民，为东北经济崛起起到了决定性作用。据统计，东北耕地面积从 1914

年的 1.3 亿余亩增加到 1927 年的 1.7 亿余亩，增加了 31%。其中，黑龙江增幅最大，达 44%，而吉林增加的耕地最多，达 1840 多万亩。辽宁（时称奉天）新增的耕地面积也达 396 万余亩。吉林、黑龙江土地开垦的潜力仍很大，1914 年以后的耕地面积大幅度增加。1927 年同 1914 年比较，两省耕地分别增长 38.5% 和 44.1%（见表 1）。尤其是 1925 年以后，随着关内移民数量的猛增，耕地面积的增长速度加快。据调查，1925 年以后，东北每年都有五六百万亩耕地的增加。1925—1927 年的 3 年间，东北全境的耕地约增长 14%。

表 1　　　　　　　　东北耕地面积统计　　　　　　单位：亩

地区	1914 年	1927 年
辽宁	51412710	55373000
吉林	47810059	66218000
黑龙江	34808848	50174000

再看劳动力情况。1871 年，东北地区人口为 402 万人；到了 1911 年，人口迅猛增加到 1996 万人；到 1930 年，东北人口增长到 2996.1 万人。充足的人口资源、大量黑土地的开发，使东北很快成为当时中国最发达的地区。1942 年，东北城市化水平达到 23.8%，相当于全国 1986 年的水平。我国东北在 1945 年甚至超过日本，成为亚洲第一经济体。

二、东北经济振兴：土地优势及其经济潜力

（一）东北经济的土地优势与存在的问题

东北经济振兴缺乏体制、资金、技术等方面的比较优势，相较而言，最大的优势是土地，包括耕地、林地、建设用地和未利

用土地。同时，东北的土地资源是一块沉睡的资源，亟须突破性的改革措施予以激活。

第一，从农地情况来看，东北有广袤的耕地资源，如吉林省人均耕地面积为0.21公顷，是全国平均水平的两倍多；黑龙江人均耕地面积为0.416公顷，是全国平均水平的4.16倍（见表2）。广阔而肥沃的黑土地，使东北三省成为全国的粮食基地，粮食产量占全国的25%。

表2　　　　　　东北与其他地区农地产出比较

农地产出	黑龙江	吉林	辽宁	上海	江苏	浙江	全国
人均耕地面积（公顷）	0.416	0.21	0.10	0.02	0.07	0.05	0.10
单位面积谷物产量（公斤/公顷）	4916	5872	5870	7044	6207	6175	4885

但是，东北的农业大而不强，耕地产出效率远低于上海、江苏、浙江等地区。其主要原因是耕地无法全面市场化流转，就农业而发展农业的传统农业发展模式无法适应现代经济发展的需要。

如果有相匹配的土地制度，打通三大产业，农业工业化、园区化，那么农业不仅是压舱石，也是经济增长的杠杆和发动机，比如江苏太仓，高效农业示范区平均亩产值超过百万元，农民可支配收入超过3万元。

第二，从林地情况来看，东北拥有得天独厚的林地资源，如截至2018年底，黑龙江的林地面积为2181.9万公顷，全省森林覆盖率为46.14%，活立木总蓄积量为18.29亿立方米。辽宁林地面积为561.32万公顷，占土地总面积的38.47%。吉林省林业用地总面积为953.1万公顷，森林覆盖率达44.2%，是全国重点林业省份之一。

但是，东北林地经营依然处于"种树、砍树"的局面，林地经营效益低，林农负担重，林农收入不高，林地资源无法产生应有的经济价值。

第三，从建设用地情况来看，城镇建设用地包括宅基地面积相对较大，如黑龙江省城镇村及工矿用地为121.969万公顷，辽宁省居民点及独立工矿用地面积为113.47万公顷，吉林省居民点及工矿用地面积为84.21万公顷。

但是，东北地区仍然面临诸多土地问题。

首先，土地利用效益低下。自然资源部发布的《关于2019年度国家级开发区土地集约利用监测统计情况的通报》监测统计显示，东部地区开发区工业用地固定资产投入强度达9659.55万元/公顷，是东北地区的1.7倍；工业用地地均税收达828.80万元/公顷，是东北地区的1.71倍；综合地均税收达到727.41万元/公顷，是东北地区的2.2倍。在东部、中部、西部、东北四个区域中，东北地区开发区土地利用强度最低，工业用地投入持续偏低。东北地区开发区综合容积率、建筑密度、工业用地综合容积率、工业用地建筑系数分别为0.80、28.06%、0.72、48.51%，均低于其他区域，土地利用强度明显偏低。综合地均税收处于全国最低水平，为330.70万元/公顷。工业用地地均税收为483.49万元/公顷。从实际管理范围内的土地投入产出情况来看，工业用地地均新增固定投资强度不到批准范围内的八成，工业用地地均税收不到七成，土地集约利用水平明显低于批准范围。

其次，建设用地供给持续下降。北京城市实验室以1980年和2010年的遥感数据，考察了中国地级以上城市在1980—2010年城镇建设用地的增长情况：城镇建设用地面积在30年间没有太多增长的城市中，以位于东北者为多。其间，城镇建设用地增长幅度不超过 20% 的地级以上城市，包括黑龙江佳木斯、绥化、牡丹江等。

近年来，建设用地供应不断下降。2019 年 1～12 月，黑龙江全省土地供应总量为 9180.57 公顷，同比下降 28.83%。2019 年 1～7 月，吉林省全省批准建设用地总面积为 3884 公顷，同比减少 7%。2018 年，吉林省全省批准建设用地总面积为 7323 公顷，同比减少 38%。

再次，土地闲置严重。中国家庭收入调查（CHIP）数据显示，2002 年，辽宁闲置耕地面积占 0.01%，2013 年攀升到 0.62%。2019 年 7 月 29 日，《辽宁省人民政府关于 2018 年度省本级预算执行和其他财政收支的审计工作报告》显示，14 个市批而未供土地为 9412.91 公顷，尚未完成处置的闲置土地为 2224.68 公顷，主要是各类开发区、新城土地闲置浪费较为严重。

最后，农地成为"僵尸资产"。由于无法在较大的区域市场上交易，宅基地变成没有价值的"僵尸资产"。比如，一块宅基地如果在东北农村集体内部交易，只值 2 万元，但是如果允许在全省或者全国范围内交易，价值将增长到十几万元至几十万元。

第四，从未利用土地情况来看，东北的未利用土地超过 900 万公顷，其中黑龙江未利用土地达 615.5 万公顷，辽宁未利用地面积达 167.79 万公顷，吉林未利用地达 142 万公顷。这些都是亟待唤醒的沉睡资源。

（二）东北土地改革的经济增长潜力估算

土地是经济增长中至关重要的生产要素，但是目前的土地改革中仍存在一定的问题，导致土地要素未能按照《中共中央、国务院关于构建更加完善的要素市场化配置体制机制的意见》"自由流动"，从而无法充分发挥其经济增长的效能。

1. 耕地的经济价值

参照国务院办公厅于 2018 年 3 月 10 日印发的《跨省域补充耕地国家统筹管理办法》，考虑调节系数等因素，东北三省耕地估值为 33 万亿元（见表 3）。

表 3　　　　　　　　东北三省耕地估值

地区	耕地面积（万公顷）	估值（亿元）
辽宁	496.81	74521.5
黑龙江	1584.4	190128
吉林	553.46	66415.2
合计	2634.67	331064.7

2. 农村宅基地的价值

我们没有查阅到这方面的数据，按照农村人均宅基地 30 平方米的标准估计，东北三省宅基地面积为 178.983 万亩。目前，宅基地不允许流转或者跨城乡流转，我们只能按照假设交易法予以估算，当然估算出来的是隐性价值。按照基准地价，住宅用地的价格通常高于工业等用地，但低于商业用地。因此，我们参照集体经营性用地的平均入市价，取 100 万元/亩，则宅基地总价值为 17898.3 亿元（见表 4）。

表 4　　　　　　　　东北三省农村宅基地估值

地区	农村人口（万人）	宅基地面积估算（万亩）	宅基地估值（亿元）
辽宁	1387.8	62.451	6245.1
黑龙江	1466.8	66.006	6600.6
吉林	1122.8	50.526	5052.6
合计	3977.4	178.983	17898.3

3. 农村集体经营性建设用地估值

这方面也没有可靠的数据，据全国的情况估算，集体经营性建设用地约相当于宅基地面积的 1/3，因而东北三省的集体经营性建设用地的估值为 5369.49 亿元。

4. 城镇土地资产估值

根据《中国城市统计年鉴（2019）》，可以查阅到东北三省各个城市的建设用地面积（包括住宅用地面积）。按照城市土地出让金平均估算，合计为 118417.5 亿元（见表 5）。

表 5   **东北三省城市建设用地估值**

地区	城市建设用地状况（平方公里）	估值（亿元）
辽宁	2370	53325
吉林	1018	22905
黑龙江	1875	42187.5
合计	5263	118417.5

此外，工矿用地、交通运输用地、林地、草地等均有其重要的价值，鉴于细部数据获取等问题，此处不予以估值。

总之，参考我国改革开放以来的发展经验以及我们的估算，土地改革是经济发展最为基础的动能，是"财富之母"。如果东北推进大力度的土地改革，充分唤醒沉睡的土地资产，每年交易其中的 0.5% 的资产并计入地区生产总值，即 2363.74995 亿元，相当于 2019 年东北三省地区生产总值的 4.7%。这将是对实现东北振兴目标作出实质性、突破性贡献。

三、设立东北土地改革试验区的建议

2018 年 9 月，习近平同志在深入推进东北振兴座谈会上明确指出，东北在体制机制、经济结构、对外开放、思想观念方面存在四大短板。总书记的讲话切中要害。

我们认为，一方面，结合前文的分析可知，东北土地要素是重要的比较优势，仅估算耕地、集体经营性建设用地、农村宅基地、城市建设用地等资产价值，即高达47万亿元。现有的体制制约着土地要素作用的充分发挥。另一方面，土地要素市场化改革的顶层设计已经非常清晰，亟须落实。《中共中央、国务院关于构建更加完善的要素市场化配置体制机制的意见》明确提出："完善要素市场化配置是建设统一开放、竞争有序市场体系的内在要求，是坚持和完善社会主义基本经济制度、加快完善社会主义市场经济体制的重要内容。"文件中"总体要求"之后，第一部分就是"推进土地要素市场化配置"，篇幅达600字左右。《中共中央、国务院关于新时代加快完善社会主义市场经济体制的意见》对完善土地产权制度、土地要素市场化改革等也予以浓墨重彩的描述。

习近平同志几次来东北地区考察，都把体制机制改革与创新放到非常重要的位置。制度创新是实施东北乡村振兴的重要突破口。建议在东北设立土地改革试验区，推进深层次的土地改革，以土地要素市场化改革为核心，撬动东北经济。

一是东北优先试点，将农村土地财产权做实，使农民拥有土地的占有、使用、收益和处置权，并将土地使用年限延长到100年甚至200年。要对农村土地（包括农村的宅地、耕地、林地等）确权发证，对农村集体建设用地（包括宅基地）、农民房屋等进行产权登记，纳入不动产统一登记信息平台。允许土地承包权和经营权、宅基地使用权、集体建设用地使用权、农村住宅等进行交易、抵押、作价入股等。

二是将土地改革与东北农业工业化、现代化充分结合，真正实现土地要素的市场化配置。尽快落实《中共中央、国务院关于构建更加完善的要素市场化配置体制机制的意见》和《中共中央、国务院关于新时代加快完善社会主义市场经济体制的意见》，通过建立城乡统一土地市场，实现土地要素的市场化配置，允许东北优先探索农村房屋和宅基地交易对象突破现行法律限制的多种方案，促进劳动力、土地、资金（用途管制和规划管理基础上）等要素和人口的城乡之间、农业与工业服务业之间的双向流动，特别是充分吸引城市的资金、人才、技术等要素进入农业，将三大产业重整为一种新型的复合产业体系，推进农民工人化、农业工业化、农村城镇化，提高农业劳动生产率，实现多层级的价值增值，使传统农业现代化、弱农业变成强农业。

三是充分发挥东北的土地优势，设立"飞地经济"，引入发达地区的园区及其经验。东北土地闲置较多，而东部、南部土地可利用空间有限。建议将东北的土地改革与园区产业结合，按照《东北地区与东部地区部分省市对口合作工作方案》（国办发〔2017〕22 号）的原则和要求，尽快出台相关办法，支持东北以土地入股，与东部地区合作发展"飞地经济"，为对口合作方的技术、人才有效发挥作用开创空间，优势互补，也有利于补充和完善东北产业链条。同时，建立探索跨地区利益分享机制，带动东北经济发展。

四是加快推进东北的国有林场与国有农场的土地改革。建议国有林场实行"分林到户"，即把林地承包给职工，林地收益归个人。对于国有农场，建议采取承包经营体制改革，将土地使用权和适度的发展权界定给承包职工。

五是加快推进未利用土地开发利用和土地产权改革，以地吸引人，以地养人。目前未利用土地开发技术成熟、成本较低，为鼓励未利用土地开发与利用，建议将所开发未利用土地的使用年限延长到99年甚至200年，以稳定土地开发者和使用者的预期。为了吸引人口的回流，将一定面积的新改造土地免费分给那些在外地就读、回归东北工作的大学毕业生。同时，鼓励东北以外的人员到东北购买廉价土地进行创业，如投资建厂、设立新业态产业园区、投资建设旅游度假区、修建养老社区等。

（东北财经大学东北亚经济研究院特约研究员、国民经济工程实验室专职学术委员　刘正山）

附　录　三

中日经贸合作新突破：
推进大连自由港建设

当前，世界正经历"百年未有之大变局"，单边主义和贸易保护主义充斥着个别国家，"逆全球化"形势明显，国际经贸秩序和规则遭到破坏。与此同时，东北亚地区局势日趋稳定，朝鲜半岛形势的积极变化带来朝韩关系的缓和，中日关系进入新的历史阶段。在这种情况下，大连发挥地缘优势，以中日经贸合作为突破口推进大连自由港建设，促进东北经济发展及推动东北亚区域经济合作，具有重要意义。

从中日两国来看，日本一直是中国对外贸易及投资往来的重要伙伴。自 1978 年中国实行改革开放政策以来，中日两国贸易额已由当年的 48.2 亿美元扩大到 2018 年的 3277.0 亿美元，40 年间增长了约 67 倍。尽管与贸易额不相匹配，但中日双边直接投资规模日渐扩大，如日本对华直接投资额已从 1980 年初的每年数千万美元增加到 2010 年以后的每年数十亿美元，双边经贸关系取得了长足发展。2019 年是中华人民共和国成立 70 周年，也是日本"令和"时代开启之年。经过多年的合作与磨合，中日经贸关系已形成互惠互补的良好局面。同时，2019 年日本高级别代表团出席"一带一路"国际合作高峰论坛，中日经济高层对话等双方关系持续改善势头也使两国经贸合作在新的起点上继续深化拓展。2019 年中日韩合作 20 周年之际，第八次中日韩领导人会议在成都展开，这标志着包括韩国在内的中日韩三国的经贸合作驶入了快车道。在对日经贸合作方面，大连地处东北亚经济圈中心，对日贸易投资合作具备独特区位优势，且由于大连和日本在全球价值链上的产业空间互补特性，大连已成为中国东北地区对日经贸合作的重要窗口与门户。同时，党的十九大报告提出赋予自贸区更多自主权，探索建设自由贸易港。因此，依托辽宁自贸区建设改革经验，利用大连良好的港口条件基础优势，探索大连自由港建设的政策措施和实施路径，并尽快将其打造成为有利于中日经贸合作及推动东北振兴的前沿阵地，具有重要的现实意义。

一、中日经贸合作现状及特征

本文主要从双边贸易和投资往来视角梳理、考察中日经贸合作的进程、现状及特征。

（一）中日经贸合作现状

从双边贸易来看，中国分别在 2002 年、2007 年和 2009 年超过美国，成为日本最大的进口对象国、贸易伙伴国和出口对象国。从贸易规模来看，2012 年以来，受多方面因素影响，中日双边贸易额持续走低，平均每年减少 4.2%，连续 5 年呈下降趋势。如图 1 所示，2017 年中日双边贸易终于走出连续 5 年负增长的困境，双边贸易重返 3000 亿美元的高点，实现了 10.1% 的正增长，虽然 2018 年同比增速下滑，但中日双边贸易仍然呈现明显正增长趋势，双边贸易达 3277 亿美元（见图 1）。

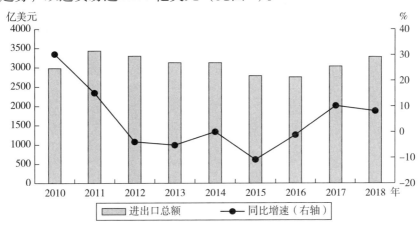

图1 中日双边贸易状况（2010—2018 年）

（资料来源：国家统计局网站）

从双边投资来看，中日互为重要的投资对象国，但2013年以后双边投资规模持续下滑，呈现出与双边贸易相同的下降趋势。如图2所示，2013年起日本对中国直接投资呈负增长态势，2017年日本对中国投资32.6亿美元，同比增长5.1%。从中国对日直接投资来看，2016年开始止跌回升，增长幅度为43.1%，2017—2018年仍保持增长态势，2018年中国对日直接投资达4.6亿美元，创历史新高。

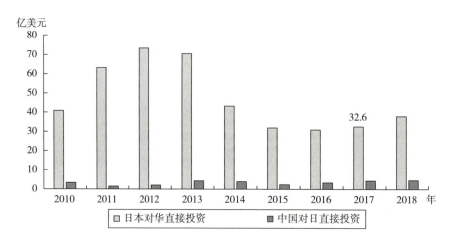

图2 中日双边直接投资对比（2010—2018年）

（资料来源：国家统计局网站）

2019年11月在上海举办的第二届中国国际进口博览会上，有364家日本参展商进驻，参展商数量居所有参展方之首。日本企业积极参加中国国际进口博览会，为中国与日本双边贸易、投资的进一步开展推波助澜。

（二）辽宁与日本的经贸合作现状

辽宁与日本的经贸合作历史源远流长，近年来，日本一直居辽宁贸易伙伴前三位，2018年居首位，超出第二位（美国）51.2

亿美元。中国—日本商务理事会联络办公室（大连）发布的《2019 年中日贸易投资合作报告》显示，辽宁与日本的区域贸易合作指数在全国位居第六，在东北三省中位居第一。

具体而言，从辽日贸易来看，如图 3 所示，2010—2018 年辽日进出口贸易整体走势较为平稳，2018 年进出口贸易为163.5 亿美元，与 2010 年相比有一定的增长。与国家层面的进出口贸易走势类似，2013 年以来，辽日进出口贸易呈下降趋势，2016 年开始止跌回升，2018 年辽宁自贸区所带来的贸易便利化等使其与日本的对外贸易潜力进一步释放。目前，辽日贸易保持良好态势。

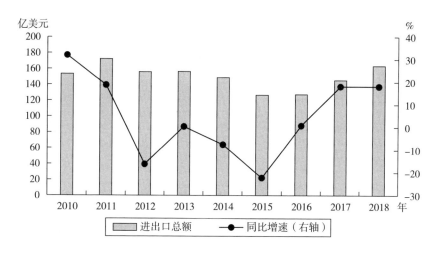

图 3　辽日进出口贸易状况（2010—2018 年）

（资料来源：辽宁省统计局网站）

从辽宁吸引外资来看，如图 4 所示，2010—2013 年辽宁实际利用日本外商投资呈上涨趋势，增幅较大，而 2014 年以后，整个东北地区鉴于老工业基地资源、结构、体制的衰退，经济增长出现断崖式下滑，成为全国的"经济塌陷区"。辽宁也不例外，经济下滑严重，加之产业结构调整和人才流失等因素影响，日本对辽宁的直接投资出现大幅下滑。其中，2015年日本对辽宁投资相比2014年下降92.1%，为2.4亿美元，占辽宁外商直接投资总额的比重也较上年降低6.4%。同时，日本作为辽宁第一大外商投资来源国的地位也被新加坡超越。2015年以来，辽宁实际利用日本外商投资额整体维持在3亿美元以下。2018年辽宁共获得外商投资49.0亿美元。其中，实际利用日本外商投资额为2.4亿美元，居辽宁引进外资的第一位。

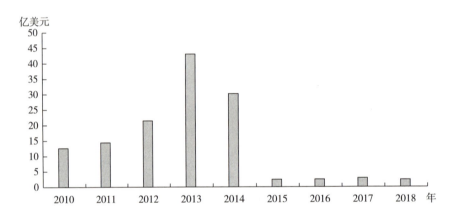

图4 辽宁实际利用日本外商投资状况（2010—2018年）

（资料来源：辽宁省统计局网站）

综上所述，无论是贸易还是投资，日本均是辽宁最重要的合作伙伴。由此，积极推动辽宁与日本的经贸合作对辽宁开放型经济建设至关重要。

（三）辽宁与日本经贸合作特征

第一，产业内贸易特征明显。机电产品、钢材、石化、农副产品是辽宁对日进出口的支柱产品。与此同时，汽车零配件、医药品等在日韩对辽宁出口中占比较高。其中，2018年，辽宁机电产品出口1433.6亿元，同比增长18.2%；高新技术产品出口476

亿元，同比增长 26.7%；钢材出口 384.7 亿元，同比增长 0.9%。辽宁与日本出口贸易规模均居前列。此外，加工贸易占比较大。2018 年辽宁加工贸易进出口总额为 270.6 亿美元，占辽宁外贸总额的 23.6%。辽宁与日本加工贸易占比较大，这充分说明辽宁工业产品出口对外资的依赖程度较高。值得一提的是，大连在辽宁进出口贸易中占据重要地位。如图 5 所示，2018 年大连进出口贸易稳居辽宁省第一位，贸易规模达 722.18 亿美元，占总额的 63.11%。大连作为辽宁省进出口贸易的主力，在辽日贸易合作中发挥了重要作用。

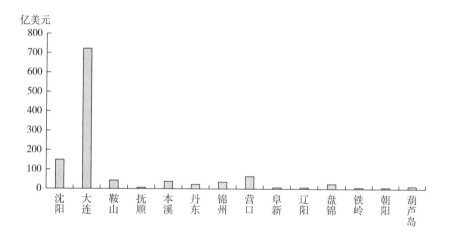

图 5　2018 年辽宁各地区进出口贸易状况

（资料来源：辽宁省统计局网站）

　　第二，外资利用地区与产业分布不平衡。首先，从地区分布来看，辽宁各地区利用外资状况存在较大差异，如图 6 所示，2018 年大连利用外资规模居辽宁第一位，为 26.78 亿美元，占总额的 54.71%，高出第二位（沈阳）25 个百分点。其次，从辽宁利用日资情况来看，辽宁省商务厅数据显示，截至 2019 年，日本在辽宁投资企业累计超过 7000 家，投资额达 240 亿美元，其中

2/3 以上位于大连，其余较少居于沈阳，省内其他城市则分布更少。另外，从产业分布来看，吸收和利用日资所占比例最大的为第二产业，其中以制造业、房地产、电力燃气等生产供应产业最为突出。

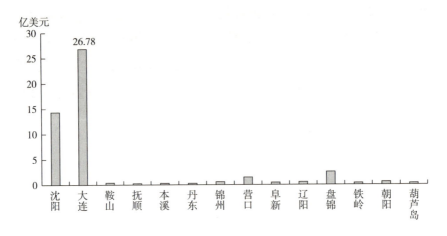

图 6　2018 年辽宁各地区利用外资状况

（资料来源：辽宁省统计局网站）

第三，日本对辽宁投资走势下滑，但产业结构日渐优化。2013—2018 年，日本对辽宁投资额由 43.0 亿美元下降至 2.4 亿美元，下滑走势明显且幅度较大。但是，投资领域却涉及高端装备制造、医药、新能源等产业，极大地提升了辽宁主导产业、先进制造业和现代服务业等的竞争力，为进一步优化辽宁省的产业结构提供了助力。

综上可知，大连作为辽宁对外开放的排头兵，更是中国面向日本开展经贸合作的重要窗口，如何发挥大连的作用将是进一步深化中日经贸合作的关键。在此背景下，推进大连自由港建设、发挥大连的桥头堡作用，成为中日经贸合作新突破的重要抓手。

二、大连建设自由港的优势及不足

自 1547 年热那亚湾雷格亨港被开辟为自由港以来，自由港便受到国家重视并迅速发展。目前，全球自由港数量有 600 多个，具有代表性的自由港有中国香港、新加坡、阿联酋迪拜等。2018 年 4 月，党中央确定在海南全岛建设自贸区和中国特色自由贸易港。2020 年 6 月 1 日，《海南自由贸易港建设总体方案》正式公布。海南自由港建设的推进，将会培育新的竞争优势，为全球自由贸易港建设注入新的活力。

自由港划在一国（地区）境内关外，全部或绝大多数外国商品免税进出，充分实现了区内外人员、服务、资本、交通等各种生产要素的自由流动。同时，自由港提供生产率增长和创新的原动力，对推动一国（地区）外向型经济的发展具有重要作用。依托大连的区位优势、港群基础、航运产业、开放条件及辽宁自贸区建设的经验，启动自由港建设，是打造我国东北开放型经济新高地的重要举措。大连具备建设自由港的诸多优势，主要体现在以下几个方面。

第一，大连是东北经济区最大的口岸城市，大连港则是东北地区最大的货物转运枢纽港和中国北方重要的对外贸易港口。大连具有建设成为自由港的天然地理位置和港口条件优势，且历史上曾三次被宣布为自由港，具有地缘优势和历史积淀。

第二，改革开放后，大连经济迅速发展以及自贸区建设的成功经验为大连自由港建设奠定了良好的经济基础。2017 年 4 月 1 日，辽宁自贸区挂牌成立，大连片区凭借 59.96 平方公里的范围成为辽宁自贸区的重要组成部分。按照区域布局，大连片区重点发展港航物流、金融商贸、先进装备制造、高新技术、循环经济、航运服务等产业，推动东北亚国际航运中心、国际物流中心建设进程，形成面向东北亚开放合作的战略高地。

当然，对标国际社会高水平的自由港，大连在推进自由港建设方面目前还存在以下不足和差距。

首先，大连服务贸易总额占地区生产总值的比重过小。2018年，大连服务贸易进出口总额为52402亿元，虽然比上年增长了11.5%，但是占地区生产总值的比重仅为5.8%。[①] 然而，全球诸多自由港的成果和经验告诉我们，构建自由港的前提是服务贸易占 GDP 的比重需要足够大，一般需要在70%以上，中国香港服务贸易占地区生产总值的比重超过90%。

其次，大连具备发展转口贸易的自然条件，但人文条件需要进一步完善。大连具备以下自然条件：拥有作为深水港、吞吐能力强的大连港，地理位置优越，处于重要的交通要冲，拥有多条国际航线。但是，大连目前不具备自由港关税优惠和贸易政策、中转费用低廉、金融和信息等服务系统发达等人文条件。大连港的港口生产总值占大连市地区生产总值的比重也亟待提高。

最后，为自由港保驾护航的法律法规尚不健全。中国香港、新加坡等贸易港均在健全法律体系的支持下发展，无论是银行、资产管理、船运、商业还是贸易等相关领域，均有法律条文与之对应，基本上做到每种经济活动和经济关系都有相应的法规加以约束，从而创造、维持了一个公平竞争的经济环境。大连目前还不具备与之相配套的法律体系。

---

① 资料来源：大连市统计局网站。

三、推进大连自由港建设的思考

第一，紧抓中日两国经贸合作契机，带动大连自由港建设。中日两国贸易投资往来的互补和依赖性使两国经济合作存在巨大空间。2020年初突发的新冠疫情对世界经济影响巨大，全球经济衰退，产业链收缩、产业链多元化短期内可能会成为一种趋势，将对中日经济发展带来一定的挑战。中日作为全球重要经济体，要共同维护正常经贸合作，确保全球产业链、供应链稳定。大连作为辽宁开放经济发展的龙头，更应发挥与日本在产业链、供应链方面合作的先锋作用，深耕日资企业，尤其要加强旅游、医疗、养老等现代服务业，新能源、新材料等新兴产业以及高端制造业等重点产业的合作，进一步促进辽日间的技术、资本等要素的流动，提高并优化资源配置效率，以此促进大连自由港建设。

第二，充分发挥辽宁自贸区的示范引领作用，加快探索建设大连自由贸易港。作为东北地区重要的对外贸易港口城市，大连应以辽宁自贸区建设的成功经验为依托，积极推进自由港建设，充分利用自身优势，以大连保税区、大窑湾保税港区、金普新区等经济特区建设为基础，以自贸区大连片区先行先试的成果为前提，建设成为多元化、国际化、综合性的开放型自由港，为人员交流、贸易便利、投资自由、金融开放等搭建良好的平台。

第三，加快推进东北亚国际航运中心，包括大连国际海运枢纽建设和航空枢纽建设两个重点，注重完善航运服务功能，提高现代物流服务效率，促进口岸服务便利化，改善航运营商环境；与此同时，加速完善供应链物流体系，在此基础上建成集商品、技术、资本、信息于一体的国际物流中心。由此，日韩作为东北亚航运中心的腹地将直接受益，一方面借助辽满欧班列等进行自身货物的集散，另一方面也为日韩向西开拓市场打开通道，推动各方企业联合"走出去"，以多种形式共同开发第三方市场。

（东北财经大学东北亚经济研究院　施锦芳）